ÉTUDE

DROITS DE NAVIGATION

DE LA SEINE

DE PARIS A LA ROCHE-GUYON

DU XIe AU XVIIIe SIÈCLE

PAR

Gustave GUILMOTO

DOCTEUR EN DROIT
ARCHIVISTE-PALÉOGRAPHE.

PARIS

ALPHONSE PICARD, ÉDITEUR

Libraire des Archives nationales et de la Société de l'École des Chartes
82, Rue Bonaparte, 82

—

1889

ÉTUDE

SUR LES

DROITS DE NAVIGATION

DE LA SEINE

CHARTRES. IMPRIMERIE DURAND, RUE FULBERT.

ÉTUDE

SUR LES

DROITS DE NAVIGATION

DE LA SEINE

DE PARIS A LA ROCHE-GUYON

DU XIᵉ AU XVIIIᵉ SIÈCLE

PAR

Gustave GUILMOTO

DOCTEUR EN DROIT
ARCHIVISTE–PALÉOGRAPHE.

PARIS

ALPHONSE PICARD, ÉDITEUR

Libraire des Archives nationales et de la Société de l'École des Chartes

82, Rue Bonaparte, 82

—

1889

NOTICE PRÉLIMINAIRE

————

Cette *Etude historique sur les droits de navigation de la Seine* est une publication posthume ; l'auteur qui en avait fait, en 1874, le sujet de sa thèse de sortie à l'Ecole des Chartes, a été, après quelques jours de maladie, enlevé à ses travaux et c'est à un culte pieux pour sa mémoire que l'on doit la mise au jour de son travail.

Gustave Guilmoto, né à Paris le 3 novembre 1846, après avoir fait de bonnes études au lycée Henri IV, alors Napoléon, avait étudié le droit ; le désir d'en approfondir l'histoire d'après les sources le conduisit ensuite à l'Ecole des Chartes. Il y faisait ses études en 1870, et les interrompit pour faire simplement et courageusement son devoir dans les rangs de la Garde mobile de la Seine. Les fatigues excessives, les privations, les angoisses du siège portèrent dès lors à sa santé de graves atteintes. Sorti de l'Ecole en 1874, il fut successivement archiviste des Vosges et du Pas-de-Calais, puis appelé à Paris pour collaborer dans le bureau des Archives, qui dépendait alors du ministère de l'intérieur, à la direction de l'Inventaire sommaire des archives départementales ; *il demanda bien-*

tôt à être de nouveau mis à la tête d'un dépôt d'archives, fut nommé archiviste du Puy-de-Dôme, le 31 décembre 1881, et mourut, le 18 février 1882, quelques semaines après son installation à Clermont, des suites d'un refroidissement contracté en faisant dans un dépôt glacé le récolement des archives qu'on venait de lui confier.

Telle est, brièvement résumée, la carrière simple et courte de Gustave Guilmoto. Brusquement arrêtée, elle n'a laissé qu'un souvenir dans le cœur de ceux qui le regrettent. Des travaux commencés, des projets conçus, du savoir et du labeur accumulés, des découvertes entrevues, il ne reste que cette trace périssable. C'est le sort de tout travailleur qui tombe avant d'avoir achevé l'œuvre. Guilmoto avait entrepris ou conçu de nombreux travaux sur l'histoire et le droit ; aucun n'a été publié, aucun même n'est achevé. J'ai compulsé avec tristesse les monceaux de notes qu'il avait rassemblées ; elles témoignent de son zèle, de son ardeur, de la variété de ses recherches, de la patience de ses investigations, mais il y manque, désormais, l'intelligence qui seule pouvait les rendre fécondes. Ceux qui ont pu apprécier les qualités d'esprit de Guilmoto, ceux auxquels ses conversations avaient révélé, en dépit de sa modestie, l'étendue de ses connaissances, sa finesse de raisonnement, son ingéniosité et son extrême sincérité, estimaient qu'il ne produirait rien qui ne fût marqué au coin de la critique et de la rigueur scientifiques. Dédaigneux de toute production hâtive, peu soucieux d'appeler sur lui l'attention par des publications fragmentaires, se donnant du reste sans réserve à ses obligations professionnelles, Guilmoto consacrait ses loisirs à la recherche et à l'étude consciencieuses des documents qui devaient être la base des travaux qu'il avait conçus ; il croyait, pour leur exécution, pouvoir compter sur le temps, et le temps lui a manqué.

La thèse qu'il avait soumise à l'École des Chartes et que l'on publie aujourd'hui telle qu'il l'a laissée, est le seul travail qu'il ait à peu près terminé ; encore n'était-elle dans sa pensée que la préparation et comme la préface d'une œuvre plus vaste et d'un intérêt plus général. Rien ne montre mieux à mon avis la conscience avec laquelle il travaillait et la solidité des résultats qu'il voulait atteindre que la manière dont il a été amené à traiter ce sujet.

C'était une histoire du commerce et de la navigation de la Seine que Guilmoto s'était proposé d'écrire et c'est dans cette vue qu'il s'était mis à l'œuvre. Mais, frappé bientôt des difficultés de la tâche, décidé à ne l'aborder qu'après avoir au préalable résolu tous les problèmes, approfondi toutes les questions, interprété tous les documents, il se résignait à se restreindre d'abord à un travail sur les péages compris entre Paris et la frontière normande. Quiconque a entrepris d'étudier dans les documents l'histoire du commerce au moyen âge sait que ceux dont on peut espérer tirer le plus de renseignements ont trait aux péages, aux droits que les marchandises payaient sur les marchés, aux entrepôts, aux foires, sur les routes de terre et sur les routes fluviales ; mais on reconnaît en même temps combien de difficultés présente l'interprétation de ces textes. C'est ce qui avait décidé Guilmoto à en faire, en ce qui touche le cours de la Seine, une étude spéciale. Se renfermant délibérément dans les limites de son sujet, éliminant de parti pris et remettant à plus tard l'étude des questions qui l'avaient d'abord séduit et qui avaient déterminé son choix, il avait voulu étudier à fond, depuis leur origine jusqu'à leur suppression, l'histoire des péages auxquels la navigation fluviale avait donné naissance. Ni la difficulté des recherches, ni l'aridité des questions n'étaient faites pour le rebuter : il a bravement étudié les tarifs, compulsé les procédures, discuté avec les vieux juristes les questions de droit, supputé l'importance des péages, déterminé le mode et les conditions de la perception, étudié les objets imposés. Ce travail ingrat lui semblait à juste titre un préliminaire indispensable de l'histoire du commerce et de la navigation ; cette histoire qui l'intéressait si vivement, ce ne sera pas lui qui l'écrira, mais il a paru utile de donner, à celui qui l'entreprendra un jour, les moyens d'utiliser les matériaux préparés par un bon et consciencieux travailleur.

Ces explications m'ont paru nécessaires pour montrer à quelle conception se rattache cette étude, et surtout pour justifier l'absence de considérations et de vues générales qu'on pourrait s'attendre à y trouver. Il convient de faire observer encore que tel qu'on le publie aujourd'hui, ce fragment n'a pas subi de la part de son auteur les remaniements qu'il n'aurait pas manqué d'y apporter s'il s'était décidé lui-même à le livrer à l'impression. La révision que j'ai faite du manuscrit et dans laquelle *j'ai été aidé par notre confrère M. C. Couderc s'est bornée à la correction de quelques erreurs que l'auteur aurait certainement fait lui-même disparaître, et à l'intercalation de quelques notes qu'il avait, jusqu'aux derniers temps de sa vie, ajoutées à son travail; mais nous aurions jugé téméraire de nous substituer à lui et de tenter de compléter son œuvre en nous servant des matériaux qu'il avait réunis. Tel quel et malgré son état d'imperfection, nous avons confiance que cette étude, dont la publication est un hommage pieux à une chère mémoire, aura son utilité et rendra aux historiens quelques services.*

A. GIRY.

ÉTUDE

SUR LES

DROITS DE NAVIGATION DE LA SEINE

DE PARIS A LA ROCHE-GUYON

DU XIᵉ AU XVIIIᵉ SIÈCLE.

INTRODUCTION.

La navigation de la Seine a été de tout temps assez importante pour que la connaissance des droits auxquels y était soumis le commerce offre quelque intérêt, lors même qu'on ne s'occupe que d'une partie du cours de ce fleuve. Comme l'indique le titre de ce travail, je me renfermerai dans l'espace compris entre la frontière normande et Paris. Cette ville est une limite tout indiquée ; au-dessus la navigation devient moins active. Quant à la Seine normande, soumise jusqu'à la fin du XIIᵉ siècle à la domination d'un vassal quasi-souverain dans son duché, elle est sous l'empire de Rouen, qui, dans la partie inférieure de la Seine, joue le même rôle que Paris pour le cours supérieur.

Ainsi limité au point de vue géographique, je me renfermerai, quant au temps, entre le XIᵉ siècle et la Révolution, car celle-ci détruit l'ancienne organisation économique, et, avant le XIᵉ siècle, les documents sont trop peu nombreux pour une étude aussi spéciale que la nôtre.

Les premiers chapitres seront consacrés à l'étude de chaque péage en particulier. Dans quelles localités se levaient les droits, de quelle nature ils étaient et quels

étaient leurs noms, d'où ils tiraient leur origine, comment
ils se sont démembrés ou confondus, telles seront les
principales questions que je tâcherai de résoudre. Je résu-
merai ensuite les exemptions particulières et les rentes que
j'ai rencontrées, et enfin j'énumérerai les différentes marchandises mentionnées dans les tarifs. Mais auparavant,
pour l'intelligence du sujet, je vais rappeler quelques faits
généraux, ainsi que les dénominations les plus fréquentes
par lesquelles on désignait les droits de péage, me réservant d'insister sur les divers sens particuliers d'un terme
déjà connu, à mesure que je les rencontrerai dans le cours
de ce travail. Je terminerai cette introduction par quelques
mots sur les anciennes mesures.

I.

Les péages, comme les autres impôts, tendirent, à la
chute de l'empire romain, à devenir des propriétés privées.
C'est ainsi que Dagobert Ier et Charles le Chauve concédè-
rent à l'abbaye de Saint-Denis les droits sur la navigation
pouvant appartenir à leur fisc. Aujourd'hui des sociétés
privées lèvent bien des péages, mais elles n'agissent que
comme ayant-droit de l'Etat qui leur rembourse ainsi les
dépenses qu'elles ont faites pour creuser un canal, amé-
liorer la navigation d'une rivière ou construire un pont;
cette concession d'ailleurs est toujours temporaire. Au
contraire, au moyen âge, l'abandon fait par le pouvoir
central était complet.

Aux concessions, il faut joindre les usurpations et l'établissement de péages là où, bien certainement, il n'y en
avait pas eu sous la domination romaine et même pendant les premiers siècles qui suivirent la chute de l'empire.
En effet, il est inadmissible que de Paris à l'Epte il y ait
eu jusqu'à dix-huit péages, tant qu'il resta quelque ombre
de puissance au pouvoir central. Les Capétiens ne purent
d'abord que protéger en fait le commerce, et dans la ma-

tière qui nous occupe, comme dans tant d'autres, la royauté, après n'avoir pris que des mesures particulières, songea aux générales lorsque la force lui fut revenue.

Jusque-là le commerce devait surtout compter sur lui-même, et la fameuse hanse parisienne fut longtemps une protection plus efficace pour ses membres que le pouvoir royal[1]. Cette association célèbre, qui devait donner naissance au corps de ville de Paris, étendait sa domination jusqu'au pont de Mantes du côté de la Normandie. D'après un diplôme de Louis VII (1170), qui confirme les privilèges de la hanse, nul ne pouvait faire transporter des marchandises par eau du pont de Mantes à Paris, s'il n'était marchand hansé ou associé d'un marchand de l'eau de Paris. Il n'était permis à ceux de Rouen d'amener leurs bateaux vides que jusqu'au Ru-du-Pec[2]; là ils pouvaient les charger pour descendre le fleuve. Ce diplôme a été vidimé par Louis IX, Louis X, Philippe VI et Jean II[3].

Ce privilège de la hanse n'était pas aussi absolu qu'on pourrait le croire. Un arrêt du Parlement de 1270 reconnut que les marchands de la basse Seine n'avaient pas besoin d'être accompagnés de marchands parisiens pour passer à Mantes et regagner Pontoise[4]. La cour avait trouvé le diplôme de 1170 trop peu explicite.

Quant à la Seine supérieure, tout le monde pouvait y naviguer jusqu'aux ponts de Paris, et la hanse devait sans

---

1. Sous les Romains, dès le premier siècle de notre ère, il y avait à Lutèce une corporation, un collège de bateliers, comme le prouve notamment une inscription composée sous Tibère et découverte en 1711 sous le chœur de Notre-Dame de Paris. Cette association semble bien avoir toujours subsisté, et la hanse est bien la fille, sous un nom germanique, du collège des *nautæ Parisiaci*. — Voy. Leroy. *Dissertation sur les origines de l'Hôtel-de-Ville*, passim ; en tête du t. I de l'*Histoire de Paris* par Félibien.

2. Aujourd'hui le Ru du Val entre le Pecq et Marly.

3. Arch. Nat. *Trésor des chartes*, JJ 80, pièce 667 ; et *Ord.*, t. II, p. 432 (latin) ; t. IV, p. 270 (français).

4. *Olim*, édit. Beugnot, t. I, p. 368.

doute peu y perdre, car le commerce de la haute Seine
était certainement beaucoup moins important que celui de
la basse Seine.

C'était bien sur cette puissante corporation de la marchandise de l'eau que la royauté comptait pour faire la police
du fleuve, et certainement Louis le Gros, en 1121, ne lui
abandonnait les 60 sous qu'il prenait par bateau de vin arrivant à Paris, pendant le temps de la vendange[1], que pour en
augmenter les ressources et en rendre l'action plus efficace.
Mais ce n'était là qu'une mesure indirecte, et il nous faut
descendre jusqu'au XIIIe siècle pour voir les rois faire des
défenses générales, plus ou moins obéies à la vérité, et
non plus se contenter d'agir comme seigneurs féodaux.

C'est ainsi qu'en 1273 un arrêt du Parlement défendit
l'établissement de nouveaux péages sans la permission du
roi. Un siècle plus tard, en 1363 et 1367[2], la royauté fait
à plusieurs reprises la même défense et déclare les nouveaux péages supprimés. On a des lettres dans le même
sens des 17 juin 1371, 8 mars 1383, 24 août 1532. Une
ordonnance de 1370 enjoint aux péagers dans les localités
où passait le poisson de mer de représenter leurs titres aux
élus de la marée pour que ceux-ci les fassent enregistrer[3].

Pour augmenter la sûreté de la navigation, et surtout
pour se créer des ressources, Charles VI établit à Paris, à
Poissy et à Mantes des maîtres des ponts qui devaient être
nommés par le prévôt des marchands et les échevins de
Paris (fév. 1415). Ces maîtres devaient faire passer les
bateaux montant et descendant. A Paris ils recevaient respectivement 30, 36, 40, 50 sous et 4 livres 10 sous parisis
par bateau de 40 tonneaux et au-dessous, de 40 à 60 tonneaux, de 60 à 80, de 80 à 100 et de 100 à 120 tonneaux.
Dans les autres localités ils avaient par bateau 16 deniers

1. Leroy, *Dissertation sur les origines de l'Hôtel-de-Ville.*
2. *Ord.*, t. I, p. 89, 90.
3. Delamare, *Traité de la police*, t. III, liv. 5, tit. 39, p. 249.

parisis[1]. Ces maîtres des ponts furent tantôt supprimés, tantôt rétablis. Il en existait encore en 1789.

L'arrêt du Parlement du 6 mars 1539 qui ordonnait aux propriétaires des péages de la Seine d'afficher les tarifs en un lieu apparent, fut plus véritablement utile au commerce. L'art. 138 de l'ordonnance d'Orléans fit entrer cette prescription dans le droit général de la France.

Malgré ses efforts, la royauté ne pouvait pas empêcher une foule d'abus. Mathieu Vauzelle au xvie siècle[2] en fait une longue énumération. Les droits ne sont légitimement levés, dit-il, que parce que les propriétaires doivent veiller à la navigabilité de la rivière, et bien au contraire ils ferment les arches des ponts en tendant des chaînes ou en construisant des moulins. Il cite également telle marchandise qui, coûtant dix sous d'achat en Bourgogne, revient à Lyon à dix-huit sous, et à vingt-cinq à Aigues-Mortes. Enfin il demande que le négociant qui n'a pas vendu sa marchandise ne paye pas au retour.

Cependant un des vœux de Mathieu Vauzelle était rempli. Un édit publié à la demande des Etats Généraux enjoignait aux grands maîtres des eaux et forêts de veiller à ce que les ports et rivières ne fussent pas rendus inaccessibles au commerce par suite de l'accumulation des immondices et le défaut de réparation des moulins, levées, etc.

Déjà, pour une denrée importante, un édit de 1546 avait apporté une amélioration, en ordonnant en principe que le sel ne payât plus de droits en nature, mais en argent, et en fixant ce qui serait dû, en tel ou tel endroit pour telle ou telle mesure. Mais les faits étaient plus forts que le pouvoir royal et au xviie siècle (1680, 1691)[3] il fallait de nouvelles ordonnances pour faire observer l'édit de 1546, dont le principe jusqu'en 1789 reçut de nombreuses exceptions.

1. Arch. Nat. H. 3049.
2. *Traité des péages*, Lyon, 1550, in-4.
3. Arch. Nat. Zia 107 ; ADib xiii, cart. 3.

Dans cette matière des péages comme dans tant d'autres, on s'aperçoit bien vite de l'arrivée de Colbert aux affaires. Sur sa proposition, un arrêt du Conseil, de novembre 1661, ordonne la représentation des titres devant une commission dont il fait partie ainsi que d'Ormesson et d'Aligre[1]. Les péages accordés à temps seront éteints après le temps fixé dans la concession ; des particuliers avaient profité des troubles de la Fronde pour obtenir des lettres accordant l'établissement de nouveaux péages, on les supprimera si ces lettres n'ont pas été enregistrées au Parlement ; les pancartes seront enregistrées au greffe le plus voisin ; les propriétaires ou les engagistes répondront des vexations commises par leurs fermiers[2]. Enfin, un arrêt du Conseil du 1er mars défendit aux commandants de plusieurs places, et notamment à celui de Meulan, de rien prélever sur les bateaux montant ou descendant la Seine[3].

Au siècle suivant, on tient de plus en plus la main à la représentation des titres[4]. Le plus important de ces arrêts est celui de 1724, établissant pour la vérification des titres une commission qui ne cessa de fonctionner jusqu'à la Révolution. Elle eut entre les mains des copies et quelquefois même des originaux. Le travail ainsi fait pour arriver à prononcer des arrêts maintenant ou supprimant les péages, ainsi que les motifs de ceux-ci, procure des renseignements précieux. Les pièces émanant de cette commission, renfermées dans de nombreux cartons sont conservées aux Archives Nationales sous la lettre H. Les péages étaient confirmés ou supprimés purement et simplement, ou bien l'affaire était soumise à une nouvelle instruction et dans ce dernier

---

1. Arch. Nat. Z¹ᴬ 107; ABᴵᴰ xɪɪɪ, cart. 3.

2. Brillon, *Dictionnaire des arrêts*, au mot *Péage*; Arch. Nat. ADᴵᴰ xɪɪɪ, cart. 3. Déclaration des 6 mai 1662 et 31 janvier 1663.

3. Arch. Nat. ADᴵᴰ xɪɪɪ, cart. 3.

4. *Loc. cit.* Arrêts du Conseil des 24 avril 1717, 29 août 1724. 4 mars 1727, 1771, 1783.

cas on trouve naturellement des renseignements plus abondants. Les recherches et les mémoires faits par le procureur général près la commission ont souvent donné lieu à des travaux d'un haut intérêt. Il faut seulement se mettre en garde contre l'esprit qui les anime et se rappeler que l'on est en face d'un tribunal.

Lorsque les péages étaient confirmés, les tarifs étaient revus avec soin et ramenés autant que possible, quoique dans une bien faible mesure, à une sorte d'uniformité. Ainsi les anciennes monnaies étaient réduites en tournois.

La royauté, qui cherchait certainement à diminuer les vexations supportées par la navigation, aidait elle-même à ces vexations en engageant les péages dépendant du domaine royal ; il en fut ainsi à Mantes, Meulan et Maisons. N'aurait-elle pas dû cependant retenir dans son domaine ces droits et même les racheter, afin de pouvoir, sinon les supprimer, du moins les ramener à l'uniformité. Et ce n'était pas d'un lieu à un autre, mais dans les mêmes localités que se levaient des droits différents par la nature et par le nom. C'est à Mantes qu'on trouve à cet égard les faits les plus curieux.

Les exemptions étaient une autre plaie du commerce. Des individus, et bien plus souvent de puissantes corporations, des abbayes, ne payaient rien pour les objets qu'ils consommaient ; et comme, à la faveur de ce privilège, beaucoup de choses pouvaient illicitement échapper aux droits, les péagers se montraient d'une rigueur extrême dans l'examen des cargaisons, allant jusqu'à exiger le déchargement des bateaux.

Ces exemptions étaient ou particulières ou générales ; nous citerons seulement quelques-unes de ces dernières ; la liste pourrait en être singulièrement grossie. Étaient exempts, outre le roi, la reine, leurs officiers et bien d'autres hauts personnages, les conseillers du Parlement, des chambres des comptes, les présidents et avocats du roi des autres cours souveraines, les maîtres et les ouvriers

des monnaies, les écoliers, les hôpitaux, etc[1]. Philippe-
Auguste avait accordé le même avantage aux Cisterciens sur
ses terres[2]. Les abbayes de Tiron[3], de Preuilly[4], du Val-
Notre-Dame[5], de Bon-Port[6], de Maubuisson[7], de Saint-
Denis[8], de Notre-Dame de Poissy[9] avaient reçu les
mêmes privilèges de Philippe-Auguste, Saint Louis, Philippe le Bel, Charles VI, etc., sur les terres royales. En
1290, le roi ordonna à ses officiers de veiller à ce qu'on
ne levât rien dans les localités où il y avait des péages nouveaux, sur les prêtres et religieux pour les fruits provenant
de leurs bénéfices ecclésiastiques, ce qui certainement
devait amener des abus. Enfin, voulant favoriser les juifs
pour mieux les pressurer plus tard, la royauté les dispensa
de payer de nouveaux droits de péage ; ils ne payaient que
ceux anciennement établis[10].

Dans les derniers siècles certaines industries ou denrées
furent favorisées. Ainsi des marchandises transitant par quelque partie du royaume que ce fût, ne durent rien aux propriétaires des péages. Ceux-ci avaient à présenter leurs
titres pour se faire indemniser[11]. Mais ce fut purement et
simplement que l'on affranchit les blés en 1696, 1740 et
1763[12]. Bien avant cette époque, les lettres patentes des
9 avril 1513, 20 octobre 1516, mars 1560 avaient permis

---

1. *Ord.*, t. II, fol. 541.
2. *Ibid.*, t. V, p. 142-143.
3. Arch. Nat. K 177, n° 96.
4. *Ibid.*, K 192, n° 136.
5. *Ibid.*, S 4169, n° 3.
6. *Cartulaire de Bon-Port*, pièce 216.
7. Arch. Nat. JJ 123, pièce 34 bis.
8. Doublet, *Hist. de l'abbaye de Saint-Denis*, p. 777-78; *Cartulaire Blanc*, tome I, fol. 336 aux Arch. Nat.
9. Arch. Nat. JJ 64, pièce 747.
10. *Ord.*, t. V, fol. 494.
11. Arch. Nat. AD[III] XIII, cart. 3. Arrêt du Conseil du 25 août 1670.
12. Delamare, *Traité de la police*, t. II, liv. V, tit. 14, chap. 7; Code Louis XIV, t. I, page 493.

aux imprimeurs et libraires de faire circuler tous les objets de leur commerce sans rien payer. Un arrêt du 23 mars 1574 déclarait exempts les pastels, les guèdes et les sucres[1].

Au reste la royauté pouvait favoriser certaines branches du commerce sans qu'il lui en coutât beaucoup pour elle-même, car des édits et déclarations, notamment de 1698 et de 1708, doublaient au profit du roi les péages, passages, pontonnages, travers, levages, etc., qu'ils dépendissent du domaine du roi ou appartinssent à des particuliers. Déjà les droits avaient été augmentés, mais non doublés au profit du gouvernement, et quant au doublement, tour à tour supprimé ou rétabli, il existait finalement lors de la réunion des derniers Etats-Généraux.

II.

Voici la liste alphabétique des droits dont il sera question. La plupart sont assez connus pour qu'il suffise de les rappeler. On trouvera au cours de ce travail l'explication du sens donné à ceux qui ont été marqués d'un astérisque.

Acquit. Proprement le péage dont le paiement est constaté, mais il se prend aussi très souvent dans un sens général.

* *Avalage.* Se percevait sur les marchandises descendant la rivière[2].

Boëte (droit de). Les mariniers, pour faire face à certains frais, ou pour former une bourse commune, mettaient dans une boîte une certaine somme chacun. C'est encore dans une boîte que l'on mettait le montant des droits de navigation, et ce fait a servi à faire appeler *droits de boëte* certains péages.

Chaîne (droit de). Pour percevoir plus facilement les droits, les péagers barraient souvent les rivières, les arches

1. Brillon, *Dictionnaire des arrêts*, au mot *Péage*.
2. Voy. Chap. Ier, Péage de S. Denis, p. 17.

des ponts et faisaient payer le dérangement que leur causait le passage d'un bateau. Plus tard, quoiqu'on ne tendît plus de chaîne, le droit n'en continua pas moins à être exigé. Les chaînes ont pu aussi être tendues aux époques de troubles pour se garder contre les ennemis.

Coutume. Prestation dans le sens le plus large. Presque toujours ce mot est suivi d'un second qui le détermine ; ainsi, la coutume des harengs, la coutume du vin.

* *Escuyage.* Sorte de droit de pilotage[1].

Gouvernail (droit de). Etait un droit fixe portant tantôt sur tous les bateaux, tantôt sur ceux seulement qui étaient chargés de certaines denrées.

Hanse. Nous avons vu désignées sous ce nom des associations de marchands ; ce mot s'entend aussi souvent de droits perçus sur les marchandises.

* *Jettement.* Droit sur les marchandises que l'on débarque[2].

Lavage, levage. S'entendait proprement du droit levé sur les marchandises entrant ou sortant d'un pays, mais il a aussi souvent un sens bien plus large.

* *Montage.* Se prenait sur les bateaux qui remontaient[3]. Il fait opposition à *avalage.*

Neuvage. Ce droit se levait sur les bateaux neufs ou passant pour la première fois dans un lieu.

* *Palage.* Droit de pieu, d'ancrage, ou encore droit sur les objets embarqués ou débarqués[4].

Péage. A l'origine ce mot signifiait droit levé sur les piétons, mais bientôt il a pris un sens général.

Pontage, pontennage. Il se prenait sur les navires passant sous les ponts ; et on désignait aussi par ce mot les droits perçus sur les ponts.

Tonlieu. C'était le droit perçu sur les marchandises trans-

1. Voy. Chap. Iᵉʳ, Péage de Conflans-Sainte-Honorine, p. 36.
2. *Ibid.*, Péage de Mantes, p. 47.
3. *Ibid.*, Péage d'Epinay, p. 24.
4. *Ibid.*, Péage de Meulan, p. 43.

portées par mer ; mais naturellement pour nous ce mot ne présente jamais ce sens propre.

Travers. Il se prenait sur les personnes ou sur les marchandises transportées d'un lieu à un autre ; on appelait aussi *travers* le droit qui se percevait au passage des ponts et bacs. Nous ne le rencontrerons qu'avec le sens parfaitement précis de droit levé sur les bateaux montant ou descendant la rivière [1].

III.

Une question fort importante est celle des mesures de capacité, car les comparaisons faites entre les différents muids, boisseaux, etc., ne peuvent servir qu'autant que l'on connaît leurs étalons respectifs.

L'Académie des Sciences au siècle dernier fixa le muid de Paris à un nombre de pouces cubes équivalant à 18 hectolitres 7,315 centilitres, ce qui s'accorde à très peu de chose près avec une ordonnance de 1669. Celle-ci du reste ne faisait que sanctionner le travail du prévôt des marchands qui en 1648 avait vérifié les étalons des mesures. Ces étalons eux-mêmes remontaient au XVe siècle et tout porte à croire qu'ils avaient été copiés fidèlement sur des mesures plus anciennes. Nous avons donc des éléments assez sûrs de comparaison.

Le muid de 18 hectolitres 7,315 centilitres dont nous venons de parler servait pour les matières sèches en général. Quant à celui avec lequel on mesurait les menus grains, orge, avoine, etc., il avait une capacité double. Celui employé pour le sel valait 30 hectolitres 72 litres. Le muid usité pour les liquides équivalait à 268 litres. Au reste je donne en trois tableaux les subdivisions des muids employés pour le froment, le sel et le vin, avec leurs équivalents en mesures modernes.

1. Ducange ne donne pas cette dernière acception du mot. — M. Pannier, de son côté, dans un intéressant travail sur *les seigneurs*

MESURES POUR LE BLÉ.

Muid vaut 12 septiers qui équivalent à. .	1873 litres	152
Septier vaut 2 mines.	156 —	096
Mine vaut 2 minots.	78 —	048
Minot vaut 3 boisseaux.	39 —	024
Boisseau vaut 16 litrons	13 —	008
Litron.	0 —	812

MESURES POUR LE SEL.

Muid vaut 12 septiers qui équivalent à. .	2455 litres	»
Septier vaut 256 litrons	204 —	058
Mine vaut 128 litrons	102 —	029
Minot vaut 64 litrons (ou boisseau) . . .	51 —	015
Boisseau vaut 16 litrons	12 —	079
Quart vaut 4 litrons	3 —	019
Litron	0 —	080

MESURES POUR LE VIN.

Muid vaut 36 setiers qui équivalent à . .	268 litres	128
Feuillette ou demi-muid	134 —	064
Setier de 8 pintes	7 —	448
Quarte, *quarteau* ou *pot*	1 —	862
Pinte (moitié de la quarte)	0 —	931
Setier ou chopine (moitié de la pinte) . .	0 —	465

Puisque nous parlons de mesures, essayons de connaître la capacité des navires qui faisaient autrefois le commerce de la basse Seine.

J'ai dit plus haut qu'une ordonnance de Charles VI avait établi des maîtres des ponts, et avait fixé à Paris le salaire de ces maîtres suivant le tonnage des bateaux. Ce document est d'autant plus précieux qu'il aide à déterminer le

de Méry-sur-Oise et son péage, publié dans le tome Ier des *Mémoires de la Société de l'Histoire de Paris et de l'Ile-de-France*, p. 229 et suivantes, est entré dans le détail des différents sens du mot *travers* (p. 261-62), et il a été également amené à constater qu'à Méry le droit de travers devait s'entendre de ce qui était perçu sur les marchandises transportées par bateau sur l'Oise.

tonnage des navires, puisqu'en effet il n'y est pas question de bateaux de plus de 120 tonneaux.

Au reste nous pourrions établir indirectement qu'autrefois il ne devait pas y avoir sur la Seine d'embarcations beaucoup plus fortes. En effet, aujourd'hui après les travaux considérables qui ont été exécutés pour régulariser le lit du fleuve, les plus gros bateaux ne vont guère au delà de 300 tonneaux; il semble difficile d'attribuer aux anciens bateaux plus de la moitié de ce tonnage[1].

IV.

Il me reste, pour terminer cette introduction, à indiquer les principales sources auxquelles j'ai puisé.

Aux Archives Nationales, j'ai vu, outre les papiers de la Commission des péages dont j'ai déjà parlé, toute une série de registres contenant des aveux et des dénombrements[2]. Sous la cote P. 1189 sont réunis des documents divers, et à la fin du registre qui les contient, il y a sur un cahier en parchemin une série de tarifs écrits au xvi⁰ siècle. Ils sont d'une grande importance. Les titres de l'abbaye de Saint-Denis et les registres du Parlement m'ont fourni d'utiles indications, ainsi que la collection d'imprimés cotée AD^{IB} et connue sous le nom de collection Rondonneau.

Des archives de Seine-et-Oise j'ai tiré également une assez grande quantité de matériaux. J'y ai consulté les titres des Célestins de Mantes et des Chanoines d'Abbecourt, surtout les premiers. Malheureusement ces deux fonds ne sont pas encore classés, aussi mes renvois seront pour cette partie très vagues.

---

1. A la chambre de commerce de Rouen, on trouve représenté l'aspect du lit de la Seine au-dessous de Rouen avant et après 1825. La différence de profondeur, grâce aux travaux qui ont été faits, est très notable. Vers Paris, n'oublions pas les barrages de Neuilly, de Poissy, etc. et les draguages incessants.

2. Arch. Nat. P 128, 129, etc.

Enfin les archives de l'Assistance Publique de la Seine, les archives municipales et hospitalières de Mantes m'ont fourni bien des indications.

CHAPITRE I.

ÉTUDE DES DIVERS PÉAGES.

SÈVRES, NEUILLY, SAINT-DENIS, ÉPINAY.

Au xviiie siècle on payait des droits à Sèvres, Neuilly, Saint-Denis, au Pecq, à Conflans-Sainte-Honorine, Triel, Maisons, Poissy, Meulan, Lislebelle, Mantes et La Roche-Guyon. A cette liste fournie par les documents de la chambre de commerce de Rouen[1] il faut ajouter Epinay, Bezons, Argenteuil, Sartrouville, Andrezy et Mezy. Nous étudierons chacune de ces localités en suivant le cours de la Seine.

Sèvres est la première qui se présente à nous en sortant de Paris.

§ 1. SÈVRES.

Un procès entre le concessionnaire des galiotes de Saint-Cloud et des propriétaires de trains de bois, d'une part, et le sieur de Venteclaye fermier d'un droit qu'il qualifiait de péage du roi, nous montre qu'au pont de Sèvres, suivant l'adjudication faite au bureau des finances, le 16 mars 1781, il était dû 12 sous 6 deniers par train de bois et autant par courbe de chevaux[2].

---

1. Cités par M. de Beaurepaire. *De la vicomté de l'eau*, p. 128.
2. Arch. Nat. H 3049, dossier 1045 bis.

§ 2. NEUILLY.

Un pont ayant été construit à Neuilly en 1608, un péage y fut établi pour les bateaux. A la fin du xviii⁰ siècle, il s'y payait 6 sous 3 deniers par courbe de chevaux au profit du maître du pont, 3 sous 3 deniers également par courbe pour les deux aides du pont et enfin 5 sous par grand et 2 sous 6 deniers par petit bateau. Ce dernier droit, connu sous le nom de *ceinture de la reine*, se percevait du 25 mars au 24 juin pour le compte du lieutenant général de la connétablie et maréchaussée de France. Les deux premiers droits furent réunis au domaine par arrêt du Conseil du 19 décembre 1785 [1].

§ 3. SAINT-DENIS.

En 633 un diplôme de Dagobert fonda, au profit de l'abbaye de Saint-Denis, une foire qui durait quatre semaines, à partir de la Saint-Denis (9 octobre). Elle était établie dans un lieu appelé *pasellus Sancti Martini* [2].

Louis XI confirma et ressuscita pour ainsi dire cette foire par des lettres de 1472 [3]. Cette concession semblerait devoir nous intéresser, puisque Dagobert abandonna à l'abbaye tous les tonlieux, droits sur les navires, droits de port, etc. qui pouvaient appartenir à son fisc, et on nous parle des Rouennais comme payant 12 deniers par bateau.

Ce diplôme de 633 fut confirmé nombre de fois par les Carolingiens. Ce n'était pourtant pas le titre qu'invoquaient les religieux, mais bien une donation à eux faite

1. Arch. Nat. H 3049.
2. Arch. Nat. LL 1157, fol. 2, *Cartulaire Blanc*, t. I.
3. Doublet. *Hist. de l'abbaye de Saint-Denis*, p. 1107-1108.

par Charles le Chauve en 870 du domaine de Rueil[1] : *cum omni suarum integritate rerum et mancipiorum....., aquis, aquarumve decursibus, piscatoriis, molendinis, exitibus et regressibus, nec non forestam aquaticam a fluvio Saure usque Cambreias, cum ripaticis (quam nunc usque nostra visa est dominari potestas) atque indulgemus omnes exactiones regias in aqua.....* Ce don soumettait à l'abbaye le cours de la Seine, depuis Saint-Cloud jusqu'au Pecq. Le monastère ne put pas, paraît-il, défendre l'intégrité de ses droits, car les seigneurs de Montmorency eurent des péages à l'île Saint-Denis (île Châtelier) et à Epinay. Il se peut que les Montmorency aient acquis ces droits par suite d'une inféodation.

En 1216, nous voyons les religieux acquérir, de deux personnes, la coutume que les bateaux payaient en abordant *a fine Crotaldi, usque ad metam de Baiart*[2].

OFFICE DES CHARITÉS. — Dans le courant de ce même siècle Saint-Denis reçut en outre pour son « office des Charités » de plusieurs personnes, et en particulier d'une famille Boncel, un droit d'*avalage* qui avait d'abord appartenu à l'abbaye et que celle-ci avait donné en fief[3]. Ce droit d'avalage est défini dans un acte de vente. Antoine Boncel et Pétronille sa sœur y cèdent, moyennant 450 livres, une poitevine, *in avalagio Secane..... de quolibet dolio vini descendente..... ante portum Beati Dyonisii.* Ducange sous le mot *avalagium* n'indique qu'un droit sur le poisson. En 1224 Thomas Boncel avait déjà légué un cinquième de trois pictes ou poitevines qu'il avait sur l'avalage.

Ce droit d'avalage, nous le suivons sans interruption jusqu'à la Révolution ; nous en avons des tarifs de 1432,

1. Doublet. *Hist. de l'abbaye de Saint-Denis*, p. 806.
2. *Cartulaire Blanc*, t. I, p. 66.
3. *Cartulaire Blanc*, t. I, fol. 69, 244-45 ; et t. III, fol. 16. Ce dernier tome est encore appelé *Cartulaire des Charités*.

du xvie siècle et de 1761. Il en est de même pour un autre péage appartenant à l'office du Grand Prieur. En 1363 Jean Pastourel acheta de Pierre de Saint-Pol l'île Saint-Denis, avec le droit de travers en dépendant[1], et cette vente fut amortie, en 1369, par Charles, sire de Montmorency, avec le consentement du roi qui donna cette acquisition à l'abbaye[2].

OFFICE DU GRAND PRIEUR. — L'acte de 1363 nous apprend qu'une nef allant de Rouen à Paris, c'est-à-dire en montant, payait 4 sous 1 denier, un tronc de sel 1 écope et demie, et qu'une flette seule, le gouvernail neuf d'un vieux bateau, une nef vide, un bateau neuf passant pour la première fois, un petit bateau de pêcheur devaient 4 deniers. Ce tarif est reproduit intégralement dans un arrêt du Conseil du 3 fév. 1761[3] qui parle de sous et deniers tournois, ainsi que Doublet dans son histoire de l'abbaye[4], tandis que nous ne savons pas si, au xive siècle, il s'agissait de tournois ou de parisis. Ce droit de travers fut-il attribué directement au Grand Prieur? C'est probable, car dès 1408 un certain Jean Caillebot était condamné à 60 sous parisis d'amende pour n'avoir pas payé les 4 sous 1 denier du passage de son bateau. Ce péage du Grand Prieur ne se levait pas sur la cargaison, mais sur les bateaux et seulement sur ceux qui montaient.

Au contraire le droit des Charités se levait également sur la cargaison, comme nous l'apprennent les tarifs déjà cités de 1432, du xvie siècle et de 1761[5]. Le second est contenu dans un cartulaire dit de la Seine[6] dans lequel sont transcrits deux autres péages appartenant également

1. Arch. Nat., S 2255, no 15.
2. *Loc. cit.*, no 13.
3. Arch. Nat. ADIII XIII, cart. 8.
4. Doublet. *Hist. de l'abbaye de Saint-Denis*, p. 1040.
5. ADIII XIII, cart. 8 ; H. 2988[1].
6. Arch. Nat. LL 1162.

à l'abbaye de Saint-Denis. Le premier était perçu au profit de Guillaume Allegrin et le second au profit de l'abbé.

PÉAGE D'ALLEGRIN ET PÉAGE DE L'ABBÉ. — Il m'a été impossible de trouver des renseignements certains sur l'origine de ces deux derniers péages; nous n'avons que des documents très vagues. Ainsi la donation de Charles le Chauve, rapportée plus haut, vidimée par Louis XI en 1471, et encore une bulle de 1259 par laquelle Alexandre III, confirmant les privilèges et possessions de Saint-Denis, s'exprime ainsi : ..... *in diocesi Parisiensi..... portus quos habetis in fluvio Sequane et cursus aque ipsius fluminis prout finibus suis terminatur*[1]. Nous ne sommes pas mieux instruits par un arrêt du Parlement de 1277, qui constata que chaque bateau ou allège de sel, passant devant l'église de Saint-Denis, devait aux religieux 6 sous 2 deniers parisis, et 2 quartiers de sel, mais qui décida en même temps que lors des basses eaux, quand les bateaux ne pouvaient pas passer sans allège par le vast de Porchier, il n'était rien dû pour les allèges[2].

On représenta bien des pièces nombreuses devant la Commission des péages, mais toutes n'ont trait qu'au droit sur le sel. C'est ainsi qu'en 1315 Henri de Stains faisait à l'abbé de Saint-Denis aveu pour son fief de la Poterne, consistant en 4 livres par nef de sel montant la Seine[3], et que Guérin de Senlis fit don à l'abbaye, sept ans plus tard, de 4 livres de rente par lui acquises d'Adnet de Stain et assises sur les troncs de sel[4].

Si nous ne connaissons pas d'une façon certaine l'origine du péage de l'abbé, du moins, depuis le xvie siècle jusqu'à

---

1. *Cartulaire Blanc*, t. II, fol. 494.
2. Doublet. *Hist. de l'abbaye de Saint-Denis*, p. 920.
3. Arch. Nat. H 3058¹, dossier 1221.
4. Arch. Nat. S 2255, n° 6.

la Révolution, pouvons-nous constater son existence. Un arrêt du Conseil du 30 septembre 1687 établissait une nouvelle pancarte des droits de la mense abbatiale[1], et si on discutait leur légitimité à la fin du siècle suivant, dans la Commission des péages, des mariniers n'étaient pas moins condamnés à payer, pour des planches, les droits portés dans la pancarte de 1687[2].

Nous sommes encore moins heureux en ce qui concerne les droits d'Allegrin, car, dans aucun document postérieur au xvie siècle, il n'y est fait la moindre allusion. Il en est parlé pour la dernière fois dans un arrêt du Parlement du 18 mars 1540, dont nous aurons souvent à nous occuper[3]. Nous y voyons qu'en 1347 une certaine Louise Bigonnat vendit à Guillaume Allegrin un droit de péage nommé la *poitevine parisis*, « en la moitié d'une autre poitevine », et d'après la veuve Allegrin, partie dans le procès, cette poitevine ne rapportait que 12 deniers tournois par an. Faut-il voir là un démembrement des poitevines dont l'acquisition fut faite au profit du péage des Charités? Ce qui le ferait croire, c'est qu'Allegrin, de même que l'office des Charités, ne percevait de droits que sur les marchandises qui descendaient, sauf sur les bateaux de sel qui ne payaient à Allegrin et aux Charités qu'en montant; et cette coïncidence est fort remarquable. D'un autre côté il y a bien des différences entre les tarifs de l'office des Charités et celui d'Allegrin, et dans ce dernier il n'est jamais fait mention de poitevines. Au reste, sauf dans la pancarte de 1432 où le sel paie une picte ou poitevine, cette monnaie n'est pas employée dans les divers tarifs des Charités qui présentent également entre eux des différences assez sensibles. En somme, sans oser l'affirmer, je suis très porté à donner une

1. Arch. de Seine-et-Oise. *Mense abbatiale de S.-Denis,* liasse 3, nᵒ 10.

2. Arch. de Seine-et-Oise. *Rivière de Seine.*

3. Arch. Nat. LL 1162.

origine commune aux deux péages des Charités et d'Allegrin.

Quoi qu'il en soit, indépendamment du péage Allegrin il se levait à Saint-Denis des droits : 1º au profit de l'office des Charités sur les marchandises qui descendaient la Seine, sauf sur le sel qui ne payait qu'en montant ; 2º au profit de l'abbé sur celles qui montaient et descendaient, et pour lui les droits étaient triplés pendant le temps du botage, qui allait depuis la veille de la Saint-Denis jusqu'à la veille de la Saint-André, c'est-à-dire du 8 octobre au 29 novembre ; 3º au profit du Grand Prieur sur les bateaux qui remontaient.

Outre ces avantages, il paraît que de temps immémorial, les religieux pouvaient arrêter les bateaux portant du poisson à Paris, et prendre moyennant juste prix ce qui leur était nécessaire. Un arrêt de 1354 maintint ce privilège de l'abbaye[1].

C'est à ma connaissance le péage du Grand Prieur qui a le plus ancien tarif (1363).

Pour l'office des Charités nous avons cité les trois pancartes de 1432, du xviᵉ siècle et de 1761 ; la seconde est celle qui renferme la nomenclature la plus considérable. Le montant des droits n'offre pas dans ces pancartes de variations sensibles, sauf pour le sel où, d'une poitevine que l'on prenait par bateau, on arrive au xviᵉ siècle à 1 minot, et au moins depuis 1546 à 3 boisseaux et quart. Au reste il est très possible que dans la pancarte de 1432 on n'ait marqué que le droit en argent et laissé de côté celui en nature.

Quant au péage de la mense abbatiale je n'ai que deux tarifs du xviᵉ siècle et de 1687. Dans ce dernier, qui entre dans plus de détails, on croirait qu'il y a une tendance à uniformiser les prix, lorsqu'on voit que le vin, soit français (Ile-de-France), soit étranger (venant d'ailleurs que de l'Ile-de-France) paye 4 deniers par pièce, tandis qu'aupa-

---

1. Doublet. *Hist. de l'abbaye de Saint-Denis*, p. 989.

ravant le premier devait 2 deniers et le second 6 ; mais en
même temps un bateau acquitte 12 deniers tournois en
montant et 6 deniers en descendant, au lieu qu'au XVI° siècle, dans les deux cas il payait 9 deniers.

FIEF DE LA POTERNE. — Jusqu'à présent, nous avons
constaté à Saint-Denis l'existence de quatre péages : ceux
de l'abbé, de l'office des Charités, du Grand Prieur et
d'Allegrin, mais il y en avait un cinquième dit du *fief de
la Poterne*[1], pour lequel hommage était dû à l'abbé et dont
nous avons déjà dit un mot. A l'origine, il semble bien que
ce fief n'ait consisté qu'en un droit de 4 livres par bateau ou même seulement en une rente annuelle de 4 livres
sur les nefs de sel[2]. Plus tard, au XV° siècle[3], on prend un
quart et demi par bateau de sel. Enfin, d'après un édit
de 1546[4], sur lequel nous aurons bien souvent à revenir,
et un bail de 1568[5], ce péage comporte deux minots, un
boisseau trois quarts et 2 deniers parisis par coque neuve
ou vieille.

Ceci nous amène à parler des droits considérables qui
étaient levés sur le sel à Saint-Denis. Au XIV° siècle, les
bateaux devaient 1 setier de sel et 6 sous[6]. D'après l'édit
de 1546, il était attribué au Grand Prieur 1 boisseau 3 litrons 1/2, au maître des Charités 3 boisseaux 1 quart, à
l'abbé 3 minots 1 boisseau et à ce dernier trois fois autant
pendant le temps du botage. Suivant les tarifs du XVI° siècle
le maître des Charités et l'abbé prenaient respectivement
1 et 4 minots. Quoi qu'il en soit, aux XVII° et XVIII° siècles,
les arrêts du Conseil se référaient à l'édit de 1546.

1. Ainsi appelé parce qu'il dépendait d'une maison sise à St-Denis,
rue de la Poterne-Saint-Jacques. Arch. Nat. H 3058¹, dossier 1221.
2. Voyez plus haut.
3. Arch. Nat. H 3058¹, dossier 1222.
4. Fontanon. *Ord.* t. II, fol. 1032.
5. Arch. Nat. H 3058¹, dossier 1222.
6. Bibl. Nat. ms. fr. 1279, fol. 83.

Nous nous rappelons qu'en 1363 le Grand Prieur avait 1 écope 1/2 qui contenait un boisseau 3 litrons 1/2, d'après l'édit de 1546. D'après cet édit les bateaux devaient en tout 1 setier 1 quartier 3 litrons 1/2. Il y a peu de différence avec ce qui se passait au xv° siècle où le droit était de 1 setier. On remarquera que dans ce rapprochement j'ai laissé de côté le droit de 2 minots 1 boisseau 3 quarts perçu au profit du fief de la Poterne qui, on se le rappelle, consistait peut-être d'abord en une simple rente annuelle de 4 livres.

L'édit de 1546 ne fut pas toujours suivi, et souvent les religieux obtinrent de lever les péages de sel en nature[1].

Ce n'était pas le seul avantage qu'avait l'abbaye. Dès 1406, des lettres patentes l'exemptèrent des droits de gabelle jusqu'à concurrence de 4 muids, et en 1495 ce privilège était confirmé pour 3 muids[2]. Enfin, par un arrêt du Conseil du 18 août 1693, les droits sur les sels de morue furent convertis en faveur de la maison de Saint-Cyr, à laquelle on avait réuni la mense abbatiale de Saint-Denis, en 15 livres par minot[3].

Le travers de l'office des Charités fut affermé en 1622 pour 200 livres par an. Celui de l'office du Grand-Prieur le fut en 1567 et 1603 pour 270 livres ; en 1659 pour 570 livres ; en 1669 pour 780 livres ; en 1678 pour 950 livres ; en 1688 pour 1,900 livres ; en 1692 pour 1,800 livres par an. Ces péages du Grand Prieur et de l'office des Charités furent confirmés en 1692, 1698 et 1761. Il ne fut rien statué sur les droits de la mense abbatiale, pas plus que sur celui du fief de la Poterne.

1. Arrêts de la Cour des aides de 1583, du Conseil de septembre 1692, etc.

2. Doublet. *Hist. de l'abbaye de Saint-Denis*, p. 1084, 1135, 1136.

3. Arch. de Seine-et-Oise. *Mense abbatiale de S.-Denis*, liasse 3, n° 25.

§ 4. EPINAY.

Ce péage, qui devait dans le principe appartenir à l'abbaye de Saint-Denis, par suite de la donation de Charles le Chauve en 870[1], était au xie siècle la propriété des seigneurs de Montmorency.

Ceux-ci en 1132 donnèrent à l'église Saint-Victor de Paris 100 sous à prendre annuellement sur les cens de la terre de Saint-Marcel et les revenus de la Seine[2]. En 1179, ce fut Notre-Dame de Vincennes qui reçut le droit perçu sur les bateaux de sel[3], et, en 1200, l'église de Saint-Denis fut gratifiée de 12 livres de rente à prendre sur le montage de la Seine[4]. Remarquons ce droit de *montage* qui fait opposition au droit d'*avalage* que nous avons rencontré à Saint-Denis. Ceci nous prouve encore, ce me semble, le démembrement des droits primitifs du monastère de Saint-Denis. Dans le courant du siècle suivant, il y eut des difficultés au sujet de ces 12 livres de rente, mais elles furent levées par un accord de 1244[5]. Cinquante ans plus tard, Mathieu de Montmorency, abandonnant à l'abbaye la terre de Saint-Marcel, se réserva ce droit de montage[6].

Au xive siècle, des aveux font mention du péage d'Epinay[7]. Un arrêt du parlement, du 14 janvier 1402 n. s., rendu à propos d'un procès survenu entre G. de Normans, seigneur d'Epinay et le prévôt des marchands de Paris, décida, sans prononcer au fond, que provisoirement il

---

1. Voy. plus haut. Péage de Saint-Denis, p. 17.
2. Arch. Nat. H 2066[1], dossier 1433.
3. *Loc. cit.*
4. *Loc. cit.*
5. *Cartulaire Blanc de Saint-Denis*, t. I, fol. 398.
6. *Loc. cit.*, fol. 200.
7. Arch. Nat. H 2066, dossier 1433.

serait perçu 5 sous par bateau chargé de marchandises se
vendant au poids, et 15 deniers pour la coque ; et que pour
les droits sur chaque espèce distincte de marchandises de
poids, les marchands et autres pourraient les passer, tant
que l'affaire ne serait pas définitivement jugée, en les faisant simplement inscrire[1]. Le 22 juillet 1422, un arrêt
d'expédient rendu entre les mêmes parties, arrêta que le
péager ne ferait pas décharger les marchandises pour les
vérifier, mais se contenterait d'un certificat du clerc de la
Prévôté de l'eau de Rouen[2].

On payait encore à peu près les mêmes droits en 1625,
c'est-à-dire 5 sous pour les bateaux chargés et 19 sous pour
la coque. Il est aussi fait mention d'un droit de *neuvage* de
6 sous parisis pour tout bateau montant pour la première
fois. Enfin, la pancarte de 1750 amena une diminution en
réduisant les parisis en tournois.

Un compte de 1466, allant du 25 mai au 30 septembre,
nous apprend qu'il avait été reçu 2 minots 1 boisseau et
demi de sel pour la coutume de demi-écope perçue sur
24 bateaux passés pendant ces 125 jours[3], ce qui met
l'écope à 16 litrons, et la demi-écope à 8 litrons ou une
moitié de boisseau.

L'édit de 1546 mentionne ce même droit, quoique cela
n'apparaisse pas au premier abord, puisqu'il attribue aux
héritiers Choart 18 deniers pour un quart demi-boisseau
demi-litron perçus à Saint-Denis. Premièrement il faut lire
comme s'il y avait 1 quart et demi de boisseau et demi
litron, ce qui fait 6 litrons et demi. Par conséquent le boisseau revient à 3 sous 9 deniers, ce qui s'accorde assez bien
avec les évaluations faites pour Saint-Denis où l'on usait
de la même mesure qu'à Epinay. Ensuite, bien que d'après
l'édit le droit des héritiers Choart fût perçu à Saint-Denis

1. Arch. Nat. H 2066, dossier 1433.
2. *Loc. cit.*
3. *Loc. cit.*

c'est en réalité à Épinay qu'il se levait. En effet, nous avons vu qu'en 1466 la 1/2 écope y valait un quart un litron demi, ce qui s'accorde à moins d'un sixième près, avec l'édit ; il n'y a rien d'étonnant à ce que les deux évaluations de l'écope de 1466 et de 1546 diffèrent quelque peu. Enfin, dans l'arrêt du Conseil du 19 mai 1750 qui confirme le péage d'Epinay[1], on cite des lettres patentes de 1471 où il est dit que Jean Choart seigneur d'Epinay a droit de prendre la moitié d'une écope par bateau. Au XVIᵉ siècle il est encore question de ces Choart et l'on fait mention de l'évaluation de 18 deniers qui est celle faite en 1546.

A cette époque, l'écope et demie appartenant au Grand Prieur de l'abbaye de Saint-Denis valait 1 boisseau 3 litrons et demi (19 litrons), la demi-écope d'Epinay contenant 6 litrons en était bien exactement le tiers.

Par plusieurs baux du XVIIᵉ siècle, nous voyons que le droit d'écope valait 500 livres, mais nous ne pouvons savoir ce que rapportaient les autres droits perçus sur la navigation, parce qu'ils étaient confondus avec un autre péage qui se levait par terre[2].

---

1. Arch. Nat. H 3066¹, dossiers 1433 et 1438.
2. *Loc. cit.*

CHAPITRE II.

ÉTUDE DES DIVERS PÉAGES

(Suite.)

ARGENTEUIL, BEZONS, LE PECQ, MAISONS-SUR-SEINE,
SARTROUVILLE, CONFLANS, ANDRESY.

§ 5. ARGENTEUIL.

Un procès s'éleva en 1454 entre l'abbaye de Saint-Denis
et le prieuré d'Argenteuil dépendant de ce monastère.
Il s'agissait de savoir à qui appartenait le droit de palage
d'Argenteuil, qui consistait en 1 denier par bateau chargeant et en 1 obole par bateau déchargeant dans cette localité. Un arrêt du parlement du 23 juillet 1463 donna
gain de cause à l'abbaye [1].

§ 6. BEZONS.

En 1206, un certain Hugues de Meulan vendit à l'abbaye
de Saint-Denis, moyennant 160 livres, ce qu'il avait sur
le port de Bezons [2]; et en 1224 Richilde, veuve d'Arnulf,
donna et vendit aux religieux le quart de ce qu'elle possé-

---

1. Arch. Nat. S 2332, deux pièces non numérotées.
2. *Cartulaire Blanc*, t. I, fol. 317.

dait sur ce même port [1]. Il n'est question de ces deux localités dans les papiers de la Commission des péages qu'à propos de bacs qui s'y trouvaient et dont nous n'avons point à nous occuper.

§ 7. LE PECQ.

Au XVIIIe siècle les bateaux payaient au Pecq, en montant, 12 sous 6 deniers par courbe de chevaux passant sous le pont, et cela au profit du maître et des aides du pont. Mais le péage proprement dit, qui se percevait au-dessus et au-dessous du pont, fut distrait du domaine en 1719 et adjugé 131,200 livres au marquis de Brissac sa vie durant, les réparations du pont restant à la charge du roi [2]. Un diplôme de Childebert III (704) aurait accordé à Saint-Wandrille l'exemption du péage du Pecq [3]. On doute de l'authenticité de ce diplôme; il peut néanmoins servir à prouver que les religieux de Saint-Wandrille, auteurs sans doute de cette falsification, avaient intérêt à se faire exempter du péage du Pecq dont l'établissement était considéré comme très ancien.

§ 8. MAISONS-SUR-SEINE.

Geoffroy, seigneur de Maisons-sur-Seine, accorda à l'abbaye de Saint-Wandrille la franchise de ce péage, mais comme la date n'est point indiquée dans l'acte, il faut la placer entre 1063 et 1090, époque à laquelle ce Geoffroy possédait la seigneurie [4]. C'est la mention la plus ancienne

1. *Cartulaire Blanc*, t. II, fol. 313.
2. Arch. Nat. H 3047², dossiers 1023, 3049, 1650 et 1774 et *De la vicomté de l'eau*, par M. de Beaurepaire, d'après un état des péages aux archives de la chambre de commerce de Rouen.
3. Collection des diplômes mérovingiens, édit. Pardessus, t. IV, pièce 462.
4. De Fréville. *Histoire du commerce de Rouen*, t. II, p. 5 et 6.

que je connaisse d'un péage à Maisons. La confirmation
de cette exemption donnée en 1117 par Gasc de Poissy se
trouve dans un diplôme de Philippe V de 1319 [1]. Pour en
finir avec Saint-Wandrille, disons que sa franchise n'était
pas complète, car si en descendant il lui suffisait de demander
la permission pour ne rien payer, en montant, les moines
devaient deux paniers de beurre et 60 pommes de Roger [2].

Cette famille de Poissy possédait encore au xiiie siècle
le péage de Maisons. C'est ainsi que, vers 1219, Robert de
Poissy tenait du roi ce travers qui se percevait sur les bateaux montant et descendant [3].

En 1324, un partage entre Robert et Gasc de Poissy
attribua au premier entre autres choses, 20 sous de rente
sur le travers de Maisons, plus la troisième partie du port
dudit lieu, de sorte, est-il dit dans la pièce, que Gasc pren-
dra tous les ans 90 livres de rentes sur ledit port, et que
le restant appartiendra à Robert [4]. Ce document est difficile à comprendre; en effet, comment pouvait-on savoir
que le port rapportait d'une façon fixe 135 livres par an ?
La seule explication possible, c'est que le droit de port
depuis quelque temps produisait cette somme à peu près,
et qu'alors on donne dans la pièce des chiffres pour fixer
la valeur des lots attribués aux co-partageants. Nous
voyons de même qu'une partie du pontonnage de Maisons
(on ne nous dit pas la fraction) est estimée 40 livres dans
un aveu fait par Jean de Gaucourt chevalier en 1383 [5]. Ce
même de Gaucourt avait le quart de l'acquit et péage sur
les nefs montant et descendant, mais on ne dit pas ce que

1. Bibl. Nat. ms. lat. 17132.
2. Bibl. du Vatican 553 II, *Fonds de la reine Christine*, fol. 1; *Frag-
ments d'un rituel et d'un lectionnaire à l'usage de Saint-Wandrille.*
Bibl. de Rouen A 477, fol. 26 v°. *Catal. des manuscrits de Rouen*, Paris, 1887, t. I, p. 76.
3. Bibl. Nat. *Collect. Levrier*, t. XIV, pièce 824.
4. Arch. de Seine-et-Oise. *Titres de l'abbaye d'Abbecourt*, carton 5.
5. Arch. Nat. P 128, fol. 33 r°.

produisait ce quart, ce qui serait la chose la plus intéressante pour nous.

Un autre aveu de 1395 nous apprend que chaque nef vide devait en montant 4 deniers au pontonnier[1]. Il ne faudrait pas croire que ce fût là le droit de pontonnage ou du moins ce droit tout entier, car plus loin, Jean de de Maisons qui fait l'aveu nous dit avoir la moitié du profit, après 9 livres parisis que doit prendre Emarry de Vendôme. Or, rien que pour parfaire ces 9 livres il aurait fallu un transit annuel de 450 bateaux, à 4 deniers le bateau, Ces 4 deniers étaient bien plutôt le droit particulier du pontonnier, ce qui ferait supposer que le droit même de pontonnage était assez élevé. Ainsi à la Roche-Guyon le pontonnage que payait Saint-Wandrille était de 8 deniers et il y avait 1 denier pour le pontonnier. D'autres aveux de diverses dates (1384, 1367, 1390)[2], ne donnent aucun renseignement nouveau.

En 1367, Hutain d'Aunoy et sa femme acquirent le 20 mai d'Evrard de Trainel et d'Isabelle de Poissy, sa femme, la moitié de la seigneurie de la Vaudoire, de laquelle dépendaient, entre autres choses, 105 sous parisis pris annuellement sur le pontonnage du port de Maisons ; 11 livres 9 sous sur la taille dudit port; un huitième de la grande taille du port et la moitié de 2 setiers de sel[3]. Les mêmes, le 20 juin suivant, acquirent de Gilles de Poissy la moitié d'environ 105 sous parisis sur le pontage, plus la moitié de 11 livres 9 sous pris annuellement sur la taille du port, la moitié de 2 setiers de sel et la moitié de la grande taille du port, plus 8 livres de rente que ledit Gilles prenait avant tous autres sur le quart de la grande taille[4].

1. Arch. Nat. P 128, fol. 141 et 142.

2. Arch. Nat. P 128, fol. 251 v°, 42 v°, 116 et Arch. Nat. P 129, fol. 244 v°.

3. Arch. Nat. H 2993[1], dossier 81.

4. *Ibid.*

Cette même année, Robert de Vendôme avouait jouir de 9 livres de rente sur le pontage et avoir le tiers du port et péage [1].

Tout cela est fort curieux ; on nous parle toujours de sommes à toucher sur telle ou telle source de revenus, mais jamais, quand il s'agit de droits de propriété, on ne nous donne de renseignements propres à nous faire connaître l'importance de ces droits. Ainsi jusqu'à présent les documents assez nombreux que nous avons passés en revue ne nous donnent aucune idée de l'importance du péage de Maisons.

Tout pour cette localité est difficile à expliquer. Par exemple, dans le dossier de la Commission des péages [2], il y a un rapport où l'on dit que, de temps immémorial, le produit du péage de Maisons avait été partagé entre les copropriétaires au prorata de ce que chacun d'eux avait dans ce droit, et on cite parmi eux les chanoines réguliers d'Abbecourt. Il en fut ainsi jusqu'en 1702, mais à cette époque, sous prétexte de diminution du commerce, M. de Maisons ne donna qu'une somme fixe à Abbecourt. Le rapporteur fait remarquer qu'il y eut sans doute un accord entre les parties, car, dit-il, M. de Maisons ne pouvait forcer les chanoines à accepter une rente à la place de leur droit de propriété.

Le raisonnement du rapporteur est parfaitement juridique et, cependant, je crois qu'il repose sur une base fausse, et que si les chanoines ont accepté une somme fixe au lieu du partage des revenus, c'est qu'ils ne pouvaient pas faire autrement. En effet, si, dans les considérants de l'arrêt du Conseil du 10 août 1774, on analyse les pièces produites par les chanoines, si on lit ces pièces elles-mêmes [3], on ne trouve que des rentes assignées par une

---

1. Arch. Nat. P 129, fol. 254 vº.
2. Arch. Nat. H 2993¹.
3. Arch. de Seine-et-Oise. *Titres de l'abbaye d'Abbecourt*, carton 5.

suite de membres de la famille de Poissy et par Robert de Villiers à l'abbaye d'Abbecourt sur le pontonnage et péage de Maisons avant 1190, en 1207, 1220, 1255, 1257, 1266, 1273, 1279, 1312, 1317, 1319, 1326 et 1353. Et le total de ces rentes s'élève à 96 livres 15 sous. Reste un acte de 1325 par lequel Gasc de Poissy, chanoine de l'église de Térouane, lègue à Abbecourt la part qui lui appartenait dans le pontonnage de Maisons, *pontennagium de Domibus super Sequanam pro parte sua*. Cette seule pièce donne lieu au doute ; elle seule peut servir à appuyer la prétention des chanoines à un droit de co-propriété. Mais il faut remarquer que les termes de la donation sont loin d'être concluants, car nombre de fois lès mêmes expressions sont employées, alors même qu'il s'agit d'une rente. Et puis, encore un coup, si les chanoines avaient été propriétaires, ils ne se seraient pas laissé enlever en 1702 leur propriété sans protester.

On pourrait aussi, par un rapprochement entre la somme de 96 livres 15 sous pour laquelle Abbecourt était rentière et le tarif de 1540, conclure à la non-propriété de l'abbaye. En effet, ce tarif nous montre le quatorzième du péage comme étant chargé envers Abbecourt de 7 livres parisis ; or $7 \times 14 = 98$ livres, et comme nous n'avons trouvé d'énoncées que 96 livres 15 sous dans les actes de donation, dont nous ayons indiqué la date plus haut, il serait possible que la différence entre les deux sommes, c'est-à-dire 35 sous, représentât le montant de la donation faite en 1325 par le chanoine de l'église de Térouanne. Je n'ose pas trop tirer une conséquence de ce rapprochement, et cependant, comme les titres d'Abbecourt sont en assez bon ordre aux Archives de Seine-et-Oise, où j'ai retrouvé les pièces visées dans l'arrêt du Conseil, et elles seules, il est loin de manquer de force.

Ainsi l'abbaye d'Abbecourt n'aurait d'abord reçu que des rentes assignées sur le péage de Maisons. Si dans la suite des temps elle a perçu une quotité des droits, ça a été par

usurpation ; de rentiers les chanoines se sont érigés en propriétaires. Ce qu'il y a de certain, c'est que je n'ai trouvé
nulle part un arrangement qui aurait changé la rente en
un droit de propriété ; et il ne faut pas oublier la non-
résistance des chanoines en 1702.

Je n'ai pas de tarif antérieur au xvie siècle, mais il y a
un accord fait entre les marchands de l'eau de Paris et
Gasc de Poissy, et confirmé par un diplôme de Philippe-
Auguste en 1187 [1]. D'après cette convention, si un navire
portait du vin, le préposé au péage ne devait percer que
3 tonneaux, et de l'un des trois à son choix il prenait
2 setiers. En outre, tous les tonneaux, sauf celui dont on
avait tiré les 2 setiers, devaient 12 deniers. La navée de
harengs payait 4 deniers plus 1 obole par millier. Enfin de
chaque tronc de sel il se prenait un setier mesure de Paris,
avec 4 deniers pour le corps du bâtiment. Voici comment
se mesurait ce setier : *primam vero minam sestarii cum
manibus custos mensurabit, et aliam cum palma, prout me-
lius poterit, ad profectum domini sui.* C'est-à-dire qu'une
mine sera enfaîtée avec les mains et que l'autre sera à ras ;
on y passera la paume de la main.

Aux xve [2], xvie [3] et xviie [4] siècles on prenait également
un setier de sel. Le péage de Maisons fut confirmé par un
arrêt du Conseil du 10 août 1774.

§ 9. SARTROUVILLE.

Je relève dans cette petite localité un droit sur les bateaux y chargeant et déchargeant, au profit du prieuré
d'Argenteuil qui dépendait de l'abbaye de Saint-Denis. Ce
droit était de 2 deniers, et au xve siècle il rapportait environ

1. *Ord.*, t. XII, p. 287.
2. Bibl. Nat., ms. fr. 1279, fol. 83.
3. Ordonnance de 1546.
4. Arch. Nat. H 2993¹, dossiers 81 et 1865.

12 deniers[1], ce qui donne une idée de l'importance de Sartrouville, dont au reste il n'est fait nulle mention au xviiie siècle.

§ 10. CONFLANS-SAINTE-HONORINE.

Les châteaux de Conflans-Sainte-Honorine appartinrent d'abord aux comtes de Beaumont-sur-Oise[2], qui pour ce fief faisaient hommage aux évêques de Paris[3]. Le comte Yves qui avec son fils accorda la franchise du travers à l'abbaye de Saint-Wandrille en 1039[4], était, quoique la pièce ne l'indique pas, comte de Beaumont. Ainsi il y avait, au moins au xie siècle, un péage à Conflans. Vers 1100, Bouchard IV, seigneur de Montmorency, acquit la seigneurie de Conflans par suite de son mariage avec Agnès, fille d'Yves II comte de Beaumont[5].

Le péage de Conflans fut démembré entre plusieurs branches de la maison de Montmorency[6]. Tel membre de cette famille par succession, tel autre par mariage ou autrement acquit divers droits sur le port ou le travers ou une portion de ces droits ; mais, et c'est ce qui nous intéresserait, on n'indique pas en quoi consistaient ces droits[7].

1. Arch. Nat. P 129, fol. 46 v°.

2. L'abbé Lebeuf. *Histoire du diocèse de Paris,* t. IV de l'édit. in-12.

3. Guérard. *Cartulaire de Notre-Dame de Paris,* t. I, p. 7.

4. De Fréville. *Commerce maritime de Rouen,* t. II, p. 4 ; et Arch. de la Seine-Inférieure. *Cartulaire de Saint-Wandrille,* fol. 330 v°.

5. Duchesne. *Hist. de la maison de Montmorency.*

6. *Loc. cit.*

7. Voici des lettres de Jean II du 27 septembre 1355 qui sont à noter au point de vue des motifs et de la procédure. Les seigneurs de Conflans exigeaient le péage de l'abbé de Saint-Denis bien que, disent les lettres, les religieux eussent reçu des rois de France des biens qu'ils devaient tenir dans la même liberté que les possédaient les rois, et que souvent l'abbaye eût été exemptée de droits dans tout le royaume. Jean ordonne que les seigneurs de Conflans et quelques autres ayant des péages sur les rivières, et dont le domicile est hors du ressort du Parlement, soient ajournés, non à ces domiciles, mais au lieu même où ils lèvent le péage. (Doublet. *Histoire de l'abbaye de Saint-Denis,* p. 990.)

Au xv° siècle, il est fait mention dans un censier du prieuré de Conflans[1] de certains droits consistant en 21 deniers parisis sur les bateaux de vin passant à Conflans, le jour de la Chandeleur. Au xvi° siècle, nous avons enfin un tarif détaillé[2] dans lequel nous pouvons relever au sujet du vin quelques distinctions curieuses. Les pièces assez petites pour qu'un homme pût les décharger, en les portant à bras, ne payaient rien ; elles étaient dans le cas contraire taxées chacune à 10 deniers parisis, si le vin étant français, c'est-à-dire de l'Ile-de-France, avait été chargé à Paris ou dans un lieu en aval de cette ville, ou si le bateau contenait moins de 13 pièces. Au-dessus de ce nombre, la nef devait 20 sous de chaînes, mais alors une seule pièce de la cargaison était soumise au droit de 10 deniers. Pour les vins étrangers, tels que ceux de Gascogne, d'Orléans, de Bourgogne, non seulement le droit de chaînes, au-dessus de 13 pièces, s'élevait à 20 sous, mais encore ils devaient dans tous les cas 10 deniers par pièce.

Nous avons des renseignements plus anciens à l'égard des droits sur le sel. Par suite d'une transaction, Mathieu de Montmorency abandonna, en 1270, la seigneurie de Conflans à Robert de Dreux et à sa femme, mais en se réservant la moitié d'un minot qui se prenait sur chaque bateau[3]. Quarante ans plus tard, Jean de Montmorency avait le minot tout entier et de plus 48 mesures de rente sur le port et travers de Conflans[4]. Un document de la même époque[5] nous apprend que l'une de ces mesures équivalait à un demi-minot, puisque les huit faisaient le setier de Paris. Nous y voyons en outre qu'il se prenait à Conflans 22 de ces mesures avec 18 sous pour la nef, c'est-à-dire 2 setiers 3 minots.

---

1. Bibl. Nat., ms. fr. 4661.
2. Arch. Nat. P 1189.
3. Arch. Nat. H 2994[1], dossier 89.
4. *Loc. cit.*
5. Bibl. Nat., ms. fr. 1279, fol. 88.

Deux siècles plus tard, ces 22 mesures s'étaient singulièrement agrandies, car l'édit de 1546 les mettait à 4 setiers 2 minots, ou 18 minots. Henri III évoquait à son
conseil privé un procès fait par Léonard Chabot comte de
Charny et G. de Saulx de Tavannes contre des marchands
auxquels ils réclamaient 21 minots par bateau[1]. Il ne faut
pas objecter qu'il s'agit d'un autre setier que celui employé
au XIVe siècle, car nous avons vu qu'on employait à cette
époque à Conflans les mesures de Paris, les seules dont il
soit question dans l'édit.

Certains droits portaient sur la coque du bâtiment. C'est
d'abord un droit de gouvernail qui, d'après des distinctions
tirées de la grandeur du bateau, était toujours payé que
celui-ci fût chargé ou non, qu'il descendît ou qu'il montât.

Vient ensuite un droit d'*escuyage*, s'élevant à 21 deniers
parisis, qui se prenait sur les bâtiments trop petits pour
avoir une nacelle, et cela pendant toute l'année. Mais du
16 mars au 17 mai, tout bateau vide ou chargé était obligé
d'acquitter ce droit qui montait alors à 2 sous parisis. L'escuyage n'était dû qu'une fois, si plusieurs bateaux, montés
chacun par un seul homme, passaient ensemble[2].

En quoi consistait l'*escuyage*? Je n'ai trouvé aucun
sens qui de près ou de loin pût convenir ici. Il est très probable que c'était un droit de pilotage. Nous remarquons, en
effet, que les bateaux assez grands pour avoir une flette ou
une nacelle ne payaient qu'à l'époque où la navigation de-
venait dangereuse, par suite de la fonte des neiges;
dans les autres saisons la flette leur suffisait pour se guider.
Au contraire les bateaux qui n'avaient pas d'embarcation,
ayant besoin d'un pilote en tout temps, devaient toujours
l'escuyage.

La moitié du péage de Conflans était affermée en 1595
1,100 écus soleil par an, 4,800 livres en 1633, 6,300 livres

---

1. Arch. Nat. AD^{IB} XIII, cart. 8.
2. Arch. Nat. P 1189.

en 1663, 5,000 livres en 1677 et 4,500 livres en 1687[1]. Ce péage fut confirmé par deux arrêts du Conseil de 1750[2] et 1765[3].

§ 11. ANDRESY.

Les terres de plusieurs localités, parmi lesquelles figure Andresy, furent données par l'évêque de Paris Erchanrad et son prédécesseur Incard à l'église Notre-Dame de Paris. Ces donations furent confirmées en 850 par Charles le Chauve[4]. On s'explique après cela que le péage de cette localité ait appartenu aux chanoines de Notre-Dame.

M. Delisle relève une mention de ce péage au XIIIe siècle[5]. Dans l'obituaire de l'église de Paris, on voit qu'en 1200, Maurice, archidiacre de Notre-Dame, donna au chapitre 40 livres parisis, afin d'acheter la moitié du péage d'Andresy[6]. L'autre moitié devait appartenir antérieurement aux chanoines, car dès 1209 ils en affermaient la totalité à un certain Robert de Conflans, moyennant 12 livres parisis par an[7]. En 1254 et en 1267, le fermage, pour deux périodes de dix-huit ans, fut porté à 16 et à 18 livres parisis par an[8]. Guillaume de Trie, en 1242, vendit entre autres choses au chapitre les 2 deniers parisis qu'il percevait par bateau chargé passant à Andresy[9].

Saint-Wandrille, qui ne payait rien en montant, devait en descendant, lorsque les eaux étaient basses, 11 deniers

1. Arch. Nat. AD[ID] XIII, cart. 8.

2. *Id., id.*

3. Arch. Nat. H 2994[2], doss. 89.

4. Guérard. *Cartulaire de Notre-Dame de Paris. Petit Pastoral,* t. I, p. 251.

5. Bibl. de Rouen, ms. A. 477, fol. 26 v°, et Bibl. du Vatican, fonds de la reine Christine, 553, II, fol. 1.

6. Guérard. *Cartulaire de Notre-Dame de Paris,* t. IV, p. 122.

7. *Loc. cit.,* t. II, p. 166.

8. *Loc. cit.,* t. II, p. 164 et 158.

9. Arch. Nat. L 452.

pour un navire et 9 deniers pour un bachot, en passant par
Fléaufosse. Lorsque les eaux étaient grandes, ses bateaux
passaient le long d'Andresy et ne payaient rien[1]. En face
d'Andresy, situé sur la rive droite de la Seine, sont des
îles, qui divisent le fleuve en plusieurs bras. Fléaufosse devait être soit dans une de ces îles, soit sur la rive gauche.

Ce péage existait encore au xvi° siècle, puisqu'il fut
cause en 1539 que les mariniers citèrent Notre-Dame de
Paris devant le Parlement[2]. Il n'en est fait mention ni
dans les arrêts du Conseil, ni dans la note déjà citée qui indique les péages de Rouen à Paris[3].

1. Bibl. de Rouen, ms. A. 477, fol. 26 v°, etc.
2. Arch. Nat. LL 1162.
3. Arch. de la chambre de commerce de Rouen, carton 7, liasse 2.

CHAPITRE III.

ÉTUDE DES DIVERS PÉAGES.

(Suite.)

POISSY, TRIEL, MEULAN, LISLEBELLE, MEZY.

§ 12. POISSY.

Ce péage est ancien, car Philippe Ier confirma une donation faite par le roi Robert de la dîme du travers à l'église Notre-Dame de Poissy. Il paraît même, d'après les termes du diplôme, que Robert n'avait fait que renouveler un ancien don[1].

Malgré cette ancienneté, j'ai trouvé peu de documents sur Poissy. Nous savons seulement que Philippe Ier, vers 1085, confirma la franchise de l'abbaye du Bec[2], dont il prit, à la fin du siècle, les biens sous sa protection, en maintenant l'abbaye dans l'exemption du droit de travers[3]. Le prieuré de Deuil reçut en 1100, de Bouchard IV, seigneur de Montmorency, une rente de 6 mines combles à prendre chaque année sur le péage de Poissy[4]. Les

1. Bibl. Nat. *Collect. Moreau.* 254, fol. 48.
2. *Neustria pia*, p. 482.
3. *Loc. cit.*, p. 483.
4. Duchesne. *Histoire de la maison de Montmorency*, fol. 50.

abbayes d'Abbecourt[1] et de Saint-Wandrille[2] furent également exemptées[3].

Le péage resta toujours pour un dixième à Notre-Dame
de Poissy dont le droit fut confirmé par arrêt du Conseil
du 19 avril 1735[4]. Les neuf autres dixièmes restèrent dans
le domaine royal jusqu'en 1651. Ils passèrent alors dans la
maison de Bouillon, par suite de l'échange de Sedan contre
la seigneurie de Poissy. L'arrêt nous fait connaître ce que
rapportait depuis 1475 l'acquit de Poissy, mais comme le
péage par terre est toujours confondu avec lui, ces indications nous apprennent seulement que le péage de Poissy
était important, puisque le dixième qui revenait au chapitre
fut affermé par année 14 livres parisis en 1475, 50 livres
tournois en 1511, 167 livres 10 sous tournois en 1554 et
110 livres en 1597.

De 1669 à 1688, le chapitre loua sa dîme sur le sel
que devaient les bateaux maires moyennant 10 minots 1/2
par an, ce qui pour tout le péage aurait fait 105 minots, et
125 minots si l'on ajoute, ce qui est bien modéré, 20·0/0
pour le bénéfice des fermiers[5].

Au XIVe siècle il se prenait par bateau 1 setier et 13
sous 4 deniers[6], au XVIe siècle 1 setier[7]. Dans deux tarifs,

---

1. Arch. de Seine-et-Oise. *Titres de l'abbaye d'Abbecourt*, carton 5,
liasse des pièces du XIIe siècle.

2. Bibl. de Rouen, ms. A. 477, fol. 26 v°, etc.

3. Voici un fait que j'indique bien qu'il ne se rattache que de fort
loin à mon sujet. Il y avait une voiture d'eau qui servait au commerce
de Poissy avec les villes de la basse Seine, telles que Meulan, Mantes
et des villes de l'Oise, quand par suite des grandes eaux on ne pouvait
user du pont de Poissy. Un certain Béranger de Seine et sa femme
donnèrent à l'abbaye de Poissy ce qui leur appartenait dans ce service
en 1311, et Philippe IV amortit cette donation la même année. (Arch.
Nat. JJ 46, n° 58.)

4. Arch. Nat. H 2993².

5. Arch. Nat. H 2993².

6. Bibl. Nat., ms. fr. 1279, fol. 83.

7. Fontanon. *Ord.*, t. II, fol. 1032.

l'un du xvie siècle[1], et l'autre du xviiie[2], il n'est pas question de ce setier, mais seulement de 14 sous parisis et de 20 sous tournois par bateau, ce qui représente évidemment les 13 sous 4 deniers du xive siècle.

§ 13. TRIEL.

Au xviie siècle, les bateaux qui chargeaient dans ce port payaient 2 sous 6 deniers[3], mais je n'ai trouvé aucune pièce ancienne. Il paraît qu'en 1454 l'Hôtel-Dieu de Paris fut mis en possession de la moitié par indivis du pont de Triel[4], mais je n'ai pu savoir en quoi consistait ce droit ; les pièces qui auraient pu me renseigner se trouvaient à l'Assistance Publique de Paris, où elles ont été brûlées.

Nous savons seulement qu'au xviie siècle, on mentionne à plusieurs reprises une rente de 24 sous parisis que l'Hôtel-Dieu avait sur le port et passage[5]. Cette rente représentait-elle l'ancienne co-propriété de l'Hôtel-Dieu? Ce qui peut le faire croire, c'est qu'à cette époque il n'est plus parlé que de cette rente[6].

Il y avait encore à Triel un droit de *pallage*, mais on ne nous dit pas à combien il montait.

§ 14. MEULAN.

L'existence de ce péage est constatée, dès la fin du xe siècle, par une franchise qu'accorda à l'abbaye de Saint-Wandrille Hugues comte de Meulan, qui posséda ce comté

---

1. Arch. Nat. P 1189.
2. Arch. Nat. H 2993².
3. Arch. Nat. H 3064, dossier 1390.
4. Arch. Nat. H 3064, dossier 1390.
5. Arch. Nat. H 3064, dossier 1390.
6. Arch. Nat. H 3064, dossier 1390.

de 997 à 1015[1]. Galeran, un de ses successeurs, restitua
et prit sous sa sauvegarde, vers 1037, les biens du prieuré
de Saint-Martin de Boiafle, situé près de Meulan ; mais il
se réserva un droit de 12 deniers par tonne de vin que faisait venir le prieuré[2]. Un autre comte Galeran, en 1141,
confirma les droits de Saint-Nicaise de Meulan, droits qui
comprenaient la dîme de ce que devaient les bateaux chargés de sel[3]. Cette dîme n'était pas le seul profit que Saint-
Nicaise retirât de la navigation de la Seine, puisque dans
une bulle pancarte, donnée à cette maison en 1163[4],
Alexandre III mentionne en outre 3 deniers perçus par
bateau chargé de vin passant sous le pont, avec 1 denier
pro remige, ce qui doit s'entendre d'un pilote que fournis-
sait le prieuré. Ces deux droits de 3 deniers sur les bateaux
chargés de vin, et de 1 denier sur ceux qui passaient en
descendant le pont de Meulan, nous les retrouvons dans
une déclaration de temporel faite par l'abbé du Bec pour le
prieuré de Saint-Nicaise, en 1522 n. s. Une amende de
60 sous était infligée aux mariniers qui ne les acceptaient
pas[5].

De l'extrait d'un compte du bailli de Meulan pour l'année
1261, il résulterait que les moines de Notre-Dame de
Gournay-sur-Marne auraient eu également la dîme des
produits du sel[6]. Malheureusement ce compte, pas plus
qu'un autre de 1403, que Levrier ne fait qu'indiquer, n'est
au nombre de ceux que possèdent encore aujourd'hui les Archives Nationales. Il est d'autant plus regrettable de ne pas
les retrouver, que dans les deux cartulaires de Gournay
il n'est fait aucune mention de cette dîme. Dans le premier
rédigé au XIIIe siècle, on voit seulement que le comte Gale-

---

1. De Fréville. *Commerce maritime de Rouen,* t. II, p. 1.
2. Bibl. Nat. *Collect. Levrier,* t. XI, pièce 120.
3. Bibl. Nat. *Cartul. de Saint-Nicaise,* ms. lat. 13888, fol. 21 et suiv.
4. *Loc. cit.,* fol. 10 ro.
5. Bibl. Nat. *Collect. Levrier,* t. XXI, pièce 1459.
6. Bibl. Nat. *Collect. Levrier,* t. XIV, pièce 994.

ran et Agnès sa femme donnèrent à Notre-Dame de Gournay 1 muid de sel à prendre chaque année à Meulan (1165)[1].
Dans une requête présentée par les religieux en 1498 afin
d'avoir 3 setiers francs de gabelle, il n'est également question que du muid donné par Galeran[2]. Peut-être Notre-
Dame de Gournay a-t-elle joui aux XIIIe et XIVe siècles de
cette dîme, dont il est facile de déterminer la valeur, car
nous savons qu'au XIVe siècle il se prenait 11 minots et 12
sous par bateau de sel. Le document qui nous l'apprend[3],
faisant toujours mention de la mesure de Paris, quand il
ne s'agit pas de la mesure locale, il faut en conclure qu'il
s'agissait du minot de Meulan qui représentait les vingt-trois
vingtièmes de celui de Paris[4].

Chose curieuse, l'édit de 1546 passe Meulan sous silence ;
il n'en faudrait pas conclure que le sel ne payât plus rien,
car d'après deux pancartes du XVIe siècle, on prenait suivant l'une[5] 8 livres 16 deniers tournois avec 15 deniers
pour les chaînes ; et d'après l'autre[6] 7 livres 9 sous et 12
deniers de chaîne, ce qui représente bien les 11 minots et
les 12 sous, qui devaient être sans doute pour les chaînes,
perçus au XIVe siècle.

Bien que je n'aie pu trouver de tarif antérieur au XVIe
siècle, il est certain qu'il y en avait d'anciens. Levrier dit en
avoir vu un du XVIe siècle que malheureusement il ne reproduit pas[7].

A partir du XVe siècle, nous pouvons nous rendre compte
de l'importance du péage de Meulan. En 31 mois, de
1453 à 1455, il était passé sous le pont de cette ville 724
bateaux dont 316 en montant et parmi ces derniers 91 char-

---

1. Arch. Nat. LL 1397, fol. 20, et encore fol. 21 v°.
2. Arch. Nat. LL 1398, fol. 67 r° et v°.
3. Bibl. Nat. ms. fr. 1279, fol. 83.
4. *Ord.*, t. III, p. 359.
5. Arch. Nat. P 1189.
6. Arch. Nat. H 3017².
7. Bibl. Nat. *Collect. Levrier*, t. XVI, pièce 1387.

gés de sel. Les droits pour les 231 restant s'étaient élevés à 1,241 livres 9 sous 9 deniers ce qui, avec les droits sur le sel, faisait un total de 1,937 livres 9 sous 8 deniers, et une moyenne annuelle de 745 livres. De la Chandeleur 1499 n. s. à la Chandeleur suivante il passa 56 bateaux de sel toujours grevés de 11 minots chacun. Le trafic était donc bien plus considérable à la fin qu'au milieu du xv⁰ siècle, la guerre de cent ans ayant cessé.

Environ un siècle plus tard, en 1581, le duc d'Anjou, frère de Henri III, engageait le péage de Meulan moyennant 24,000 livres[1]. La recette totale de l'acquit s'éleva pour l'année 1701 à 5,845 livres 13 sous 9 deniers[2]. Le péage et le moulin banal de Meulan avaient été engagés en 1672 pour 100,000 livres et le 24 septembre 1780, un arrêt du Conseil en confirmait la possession à la marquise de Pezé[3]. Déjà en 1741 le sieur de Courtomer avait été maintenu en qualité d'engagiste dans la jouissance d'un droit de 10 deniers par courbe de chevaux[4]. En 1693 une ordonnance du bailli de Meulan avait reconnu ce droit à Jacques Mestayer[5].

Il nous reste encore à parler d'un droit de *pallage* ou *pelage*. Vers 1250 Amaury II, vicomte de Meulan, exempta les bateaux du Bec du palage qui lui appartenait sur la grève de Meulan[6].

En quoi consistait ce droit de *pallage* ou *pelage*? On a présenté bien des étymologies et bien des sens; ainsi on a voulu faire venir ce mot de *appellare* d'où *appellagium*. L'art. 176 de la Coutume du comté de Mantes et Meulan rédigée en 1556 se contente d'énumérer ce droit avec

---

1. Arch. Nat. H 3017², dossier 490.
2. Arch. Nat. H 3017², dossier 490.
3. Arch. Nat. H 3017², dossier 490.
4. Arch. Nat. H 3083¹, dossier 1872.
5. Arch. Nat. AD^{III} XIII, cart. 6.
6. Bibl. Nat. *Collect. Levrier*, t. XIV, pièce 897, et Ducange au mot *Palagium*.

d'autres, sans dire en quoi il consiste. Laurière, dans son
Glossaire de droit français, cite des lettres patentes suivant
lesquelles le pelage dans les bailliages de Mantes et Meulan
aurait été un droit levé sur les vins chargés et déchargés
dans les ports de cette partie de la Seine. Nous avons vu
qu'à Argenteuil on percevait aussi un droit de pallage consistant en un droit sur les choses embarquées et débarquées.
Ducange cite d'autres textes pour établir que le droit de
pelage est synonyme de droit de pieu, d'ancrage, et j'ai
trouvé dans ce sens un texte parfaitement clair, que je
mentionne ici quoiqu'il ne soit pas certain qu'il ne s'applique
pas à Mezy. En 1077, Gautier Payen, vicomte de Meulan,
donna à Robert, abbé de Jumièges, la dîme des vignes
dans la paroisse de Saint-Pierre de Mezy et lui remit le
prix que lui, Gautier, exigeait des religieux de Jumièges
« *pro palo seu panillo a quo navis sive baccus eorum religa-
batur* » [1].

§ 15. LISLEBELLE.

Pour passer le pont de Meulan on était forcé d'attacher
les bateaux aux pieux d'une île appelée l'Ile-Belle. Un
arrêt du Conseil du 1er décembre 1739 permit à l'abbé
Bignon de percevoir 10 sous par bateau. L'abbé tenait cette
île située au-dessous du grand pont de Meulan, et appelée
autrefois des Cerisiers et plus anciennement Ribelle, d'un
sieur Carpot, aux parents duquel une sentence du bailli de
Meulan avait reconnu un droit de 2 sous 6 deniers. En
portant celui-ci à 10 sous on avait voulu dédommager l'abbé
Bignon des dégâts que lui causaient les bateaux [2].

1. *Gall. Christ.* t. XI, p. 959.
2. Arch. Nat. ADIII XIII, cart. 6.

§ 16. MEZY.

En 1227, Amaury II, vicomte de Meulan, remit à l'abbaye de Jumièges les droits qu'il levait sur les bateaux passant devant sa terre de Mezy[2].

Au même lieu, il se percevait, peut-être, un droit de pallage, dont j'ai parlé en m'occupant de Meulan. Le texte que j'ai cité peut s'appliquer à l'une ou à l'autre des deux localités.

Je n'ai pas trouvé d'autre mention de Mezy, et il est à croire que, vu sa proximité de Meulan, son péage ne subsista pas longtemps.

1. Bibl. Nat. *Collect. Levrier*, t. XIV, pièce 874.

CHAPITRE IV.

ÉTUDE DES DIVERS PÉAGES.

(Suite.)

MANTES, LA ROCHE-GUYON.

§ 17. MANTES.

Après avoir recherché les plus anciennes mentions qui aient été faites du péage de Mantes et déterminé ses limites, j'énumerai les différents droits par eau qui se levaient dans cette ville. J'indiquerai ensuite l'époque la plus ancienne où il soit question de chacun d'eux. Je terminerai enfin par l'examen de certains articles et par la revue de quelques faits plus récents.

I. M. de Fréville, dans son *Histoire du commerce maritime de Rouen*, indique comme le plus ancien document qui fasse mention du péage de Mantes une exemption accordée aux abbayes de Saint-Wandrille et de Jumièges par Gautier le Blanc, comte de Vexin, en 1006[1]. J'ai trouvé aussi que ce Gautier donna la même franchise à Saint-Pierre de Jusiers, qui dépendait de Saint-Père de Chartres[2].

1. De Fréville. *Hist. du commerce de Rouen*, t. II.
2. Guérard. *Cartulaire de Saint-Père de Chartres*, p. 170-171.

Guérard rapporte ce fait à l'année 1006, en se basant sur la remise faite à Saint-Wandrille.

En 1119, dans une bulle pancarte de Calixte II, nous apprenons que Saint-Martin des Champs de Paris recevait 3 oboles par bateau passant à Mantes, et que l'abbaye tenait ces 3 oboles de Gervais, sénéchal de Philippe I[er][1]. Ce Gervais fut sénéchal de 1059 à 1061 ; le don fait à Saint-Martin remonte donc à cette époque.

A la fin du XIIe siècle, en 1196, Philippe-Auguste confirma un échange qui avait eu lieu entre l'abbaye de Saint-Denis et Guillaume de Garlande. Par cet échange, ce dernier reçut Châteauneuf-Saint-Denis et abandonna divers droits qu'il avait à Mantes, notamment un droit de travers sur la Seine[2]. Le diplôme ne nous apprend pas en quoi consistait ce travers, mais des documents postérieurs permettent de le déterminer. Louis VII, en 1168, Philippe-Auguste, en 1185, ayant donné aux abbayes de Saint-Sulpice de Gassicourt[3] et de Villarceaux[4] une certaine quantité de sel à prendre sur les bateaux, nous pouvons en conclure que les rois avaient dès cette époque un droit de péage à Mantes; on se l'explique facilement lorsqu'on sait qu'ils y avaient un château où ils résidaient assez souvent.

Une exemption accordée par Guy de Mauvoisin, seigneur de Rosny, à l'abbaye du Bec, à Mantes et à Rosny[5], nous apprend qu'il y avait un péage dans cette dernière localité. Mais bientôt il y eut confusion entre Mantes et Rosny. En 1207 la coutume de Rosny est qualifiée d'acquit de Mantes[6], et il résulte de plusieurs documents que le péage de Mantes

1. Bibl. Nat. *Cartulaire de Saint Martin-des-Champs*, ms. lat. 10 977, fol. 73 v°, et encore fol. 45.

2. Arch. Nat. K 26, n° 26.

3. Arch. Nat. H 3002[1], dossier 219.

4. Delisle. *Catalogue des actes de Philippe-Auguste*, n° 149, et Bibl. Nat. Lat. 12741, p. 291.

5. *Neustria pia*, p. 490-491.

6. Arch. de la Seine-Inférieure. *Cartulaire de Rosny* ad finem.

finit par s'étendre en amont depuis Montalez qui se trouvait à moitié route entre Mantes et Jusiers, c'est-à-dire à cinq kilomètres environ, jusqu'à Rougeboise. La carte de Cassini indique un Rolleboise qui, en descendant la Seine, est un peu au-delà de Rosny, c'est-à-dire à une dizaine de kilomètres de Mantes. Ainsi ce péage, au point de vue de la perception, avait à peu près 15 kilomètres d'étendue. On indique le Blanc-Soleil en amont, et le Fossé-Goyart en aval comme formant les limites exactes ; mais je n'en ai pas trouvé trace, et le mal n'est pas grand, leur place se trouvant à peu près déterminée par ce fait qu'ils étaient situés auprès de Montalez et de Rougeboise [1].

II. Voici les différents péages qui sont énumérés dans un arrêt du Parlement de 1540 n. s. [2] et un tarif de 1532 [3] : péages dits du *roy sur le voyer*, de *la boëte le roy*, de *la ville de Mantes* et *du sieur de Maffliers*, de *l'abbé de Saint-Denis*, du maître de *la maladrerie de Mantes*, du *prieur de Bazainville*, du *grand acquit* et du *petit acquit d'Hannencourt*, de l'*acquit des Landes*, des *boursettes*, du *menu tonlieu*, droits du *clerc de l'eau*, de *gouvernail*, de *pellage* et de *débarquement*.

Voyons en quoi consistait chacun de ces droits.

1. *Menu tonlieu et acquit des boursettes.* Les boursettes étaient un droit fixe sur les bateaux chargés de vin, s'élevant à 18 deniers pour les bateaux portant vin normand, à 5 sols pour ceux chargés de vins français, c'est-à-dire de l'Ile-de-France, on a dû dans la suite comprendre sous cette dénomination tous les vins qui n'étaient pas normands [4],

1. Arch. Nat. P 1189.
2. Arch. Nat. LL 1161.
3. Arch. Nat. P 1189.
4. Nous voyons dans Delamarre. *Traité de la police*, livre 5, titre 46, chap. XVI, qu'on appelait vins français par opposition aux vins de Bourgogne ceux récoltés en deçà du pont de Sens. Mais je crois qu'à Mantes on traitait comme vin français tout vin non normand.

enfin à 3 sous 3 deniers pour les bateaux portant à la fois du vin français et du vin normand. Les boursettes, et cela revient au même, se décomposaient encore en bourse normande, en bourse française et en bourse métive [1]. *Le menu tonlieu* se levait sur certaines marchandises et denrées dont voici l'énumération : œuvre de poids, poisson salé, harengs, blés et autres grains, sel, figues, raisin, cuir, fruits, bois. Le tarif de 1532 ne distingue pas des boursettes le menu tonlieu, et les comprend sous cette dernière dénomination, et un acte de 1453 parle de boursettes du menu tonlieu [2]. Nous aurons à revenir là-dessus.

2. *Grand et petit acquit d'Hannencourt.* Tous deux portaient sur les mêmes objets et le nombre en était restreint : vins, blés et autres grains, sel, harengs et meules à moulin. Le petit acquit était quatre fois moindre que le grand.

3. *Acquit des Landes.* Il ne différait du petit acquit d'Hannencourt ni pour les objets sur lesquels il était perçu, ni pour la quotité des droits.

4. *L'abbé de Saint-Denis.* Son péage comprenait les mêmes articles que l'acquit précédent.

5. *Péage du sieur de Maffliers.* C'était le plus important de tous, il s'appliquait à tout ce qui est indiqué dans la pancarte. Il appartenait au sieur de Maffliers et à la ville de Mantes.

6. *Droit de débarquement.* Ceux-ci avaient encore un droit de débarquement sur certains légumes, les fruits, le blé, les harengs saurs et salés, enfin sur le fardeau venant de Normandie. Par débarquement je traduis ces expressions : « qui gette de l'eaue oignons, eschallogues... il doit du « gettement. »

7. *La boëte le roy* et *la boëte le roy sur le voyer* avaient des articles communs de perception : vins, blés et

---

1. Arch. de Seine-et-Oise. *Titres des Célestins de Mantes*, cahier en parchemin non coté fol. 5 et suivants.
2. *Loc. cit.*

menus grains, harengs, meules à moulin. Le second droit
s'exerçait seulement à partir d'une certaine quantité ou
d'un certain poids de marchandises, et le premier exclusivement au-dessous de ces quantités ou poids. En outre les
figues et raisins, œuvre de poids, cuirs, fruits, bois, fardeaux, mercerie, peaux, coëttes, huiles, coffres, laines,
poisson sec, lard et faulx acquittaient seulement à la boëte
le roy. Enfin le droit du roy sur le voyer consistait exclusivement ou bien en un droit de chaîne, ou bien en comprenait un ; ce qui pour la boëte le roy n'arrivait jamais.

8. *Prieur de Bazainville.* Sur le tarif, on ne fait mention de ce prieur que pour les meules à moulin, mais il est
cité avec d'autres dans l'arrêt de 1540 n. s. comme prenant
quelque chose dans le menu tonlieu et les boursettes.
D'ailleurs la pancarte dit bien que les Célestins propriétaires de ces deux droits avaient des parsonniers. Puisque
pour un objet déterminé et d'une assez faible importance,
le prieur de Bazainville est mentionné d'une façon spéciale,
il est à croire que son droit était en cela indépendant du
menu tonlieu ; je le démontrerai plus loin.

9. *La maladrerie de Mantes.* Le maître de cet établissement, à partir de 20 tonneaux de vin, recevait 6 deniers
parisis pour la batelée, et justement vers l'époque à laquelle
je me place, la maladrerie par un bail notarié de 1530
avait affermé son droit pour 3 livres par an, ce qui suppose
qu'il devait passer par année une centaine de bateaux chargés de vin et soumis aux droits[1]. Dans un procès que soutint Saint-Lazare de Mantes en 1690, on donne le nom de
menu tonlieu au droit qu'avait cette maison sur le vin[2].

10. *Droit de gouvernail.* Il était fixe et se percevait au
profit de la ville de Mantes sur les bateaux chargés de bois,
de fruits ou de plus de 4 letz de harengs ; il était de 2 deniers.

1. Archives de l'Hôpital de Mantes, A 12, n° 11.
2. Archives de l'Hôpital de Mantes, A 10, n° 6.

11. *Droit de pellage.* Il en est question dans l'art. 196 de la Coutume du bailliage de Mantes et Meulan rédigée en 1556. D'ailleurs nous avons remarqué qu'il se rencon-contrait dans plusieurs des localités bordant cette partie de la Seine. J'ai cherché à montrer en quoi il consistait, lorsque j'ai étudié le péage de Meulan.

12. *Clerc de l'eaue.* On dit dans l'arrêt de 1540 n. s. que, de toute ancienneté, il y avait un clerc de l'eau commis par la ville et par ceux au profit desquels se levaient les péages. Ce clerc inscrivait sur les registres des fermiers et des commis des péages ce qui était contenu dans chaque bateau, et, pour ce service, il touchait 2 sous parisis par navire.

13. *Péage dit de Saint-Maclou.* Il n'en est question ni dans le tarif de 1532, ni dans l'arrêt de 1540 n. s., mais c'est assez naturel. Ce péage ne constituait pas, à proprement parler, un droit nouveau, puisqu'il consistait dans la perception de l'universalité des acquits, péages et travers par terre et par eau établis à Mantes, au profit du chapitre de Notre-Dame, depuis le 14 novembre veille de la Saint-Maclou à midi jusqu'au lendemain de la fête de ce saint, soleil couché, c'est-à-dire pendant deux jours et demi[1].

14. *Droits sur le sel.* Nous retrouvons ces droits, sauf celui de pellage, en 1771, dans un état des péages confirmés, supprimés, suspendus ou restant à vérifier[2]. Dans cet état, il est en outre fait mention d'un autre droit appartenant à la ville de Mantes, appelé « *les Anses* », qui consistait alors en 3 livres 10 sous par marchand et 3 livres par bateau montant ou descendant la Seine. L'origine de ce dernier droit me paraît assez facile à déterminer. En 1201 Philippe-Auguste confirma les Mantois dans la possession des hanses de terre et d'eau de leur ville pour lesquelles

---

1. Arch. Nat. H 2992[1], dossier 56.
2. Arch. Nat. AD[III] XIII, carton 8.

ils payaient 5 deniers par hanse au prévôt royal[1]. Or nous savons que ce mot « *hanse* » peut s'entendre soit d'une compagnie privilégiée, soit du droit pour y entrer, soit enfin du péage. C'est le dernier sens qu'il faut, croyons-nous, prendre ici; le texte du XIIIe siècle et celui de 1771 s'accordent alors fort bien.

III. Voyons maintenant quelle est l'origine de chacun de ces droits et quelle est l'époque la plus ancienne où il en soit fait mention.

Le grand et le petit acquit d'Hannencourt, celui des Landes et de l'abbé de Saint-Denis faisaient partie à la fois des droits de la boëte le roy et de la boëte le roy sur le voyer. Les propriétaires de ces acquits étaient parsonniers du roi pour ces deux boëtes. Cela ressort de tarifs de 1411 et du XVIIIe siècle[2] et de l'arrêt de 1540 où les religieux de Saint-Denis déclarent avoir une certaine portion du péage de Mantes à partager avec le roi. Une moitié était pour les parsonniers, l'autre moitié pour le roi. Dans un compte de 1370[3] on voit que sur le revenu du roi sur le voyer la seconde moitié se partageait entre Jean de Hannencourt, l'abbé de Saint-Denis, Jean de Hannencourt le Jeune, Arnould de Bachambre et Guillaume Cochet dans la proportion des nombres 8, 4, 2, 9 et 1. Or les parts de Arnould et de Guillaume ont servi à former l'acquit des Landes[4] et dans le tarif de 1532, partout où il est pris un droit au profit du roy sur le voyer, il en est perçu également un pour le grand, le petit acquit d'Hannencourt, celui des Landes, etc., et cela dans les proportions indiquées plus haut, sauf pour le vin.

Quant à la boëte du roy, il est à croire que les par-

1. Bibl. Nat. *Collect. Levrier*, t. XIII, p. 726.
2. Arch. Nat. H 2999¹, dossier 161 et H 3116-17.
3. Arch. Nat. H 2992¹, dossier 56.
4. Arch. Nat. H 3010², dossier 336.

sonniers se partageaient leur moitié, de la même façon que celle qui leur revenait dans la boëte du roy sur le voyer, car au xvᵉ siècle, Saint-Denis possédait 1/8 du tout ou 1/4 de la moitié, que l'abbaye, ainsi que nous l'avons vu, percevait sur la boëte le roy[1]. Tout cela ne nous autoriserait-il pas déjà à conclure que les deux boëtes du roy et du roy sur le voyer et les acquits d'Hannencourt, des Landes, de l'abbé de Saint-Denis ont une origine commune ?

Nous aurons à revenir sur ces droits, mais examinons auparavant le péage de la ville de Mantes. Ce péage et celui du sieur de Maffliers, — ces deux droits n'en font qu'un et nous les désignerons désormais sous le nom de la ville de Mantes, — appartenaient à la famille de Mauvoisin et existaient au moins depuis le xiiᵉ siècle. En 1201, Guy, du consentement de sa femme, vendit à la commune de Mantes une portion de sa coutume par terre et par eau de Rosny, et de sa coutume par terre et par eau de Mantes[2]. En 1204, Raoul de Mauvoisin aliéna d'autres portions de ces mêmes coutumes, ce que ratifia son frère Guy[3]. Des lettres de Philippe-Auguste du 1ᵉʳ novembre 1294 confirmèrent ces ventes[4]. La famille Mauvoisin possédait ces péages au siècle précédent, puisque, ainsi qu'on le verra plus loin, elle accorda des exemptions. Voici d'ailleurs comment s'exprime l'arrêt de 1540 : Le péage de la ville de Mantes appartenait « longtemps auparavant l'an 1200 à Guy de Mau- « voisin, seigneur de Rosny, lequel tenait un fief de nous « (le roi) et nos prédécesseurs, et relevait du fief de Mon- « tesperviers qui est au château de Mantes... »

Les deux acquits de la boëte du roy et du roy sur le voyer avaient la même origine que les droits de la ville de Mantes. Le passage suivant de l'inventaire des anciens

1. Arch. Nat. H 2999¹, dossier 161.
2. Mairie de Mantes. *Inventaire des lettres et tiltres appartenant à la ville et commune de Mantes* (1543) ; et Arch. Nat. H 2294¹, dossier 87.
3. Arch. Nat. H 2294¹, dossier 87.
4. L. Delisle. *Catalogue des actes de Philippe-Auguste*, n° 869.

titres de la ville de Mantes[1] le prouve déjà, ce me semble,
pour le droit du roy sur le voyer : « Est un vieil coustu-
« mier[2] couvert de parchemin où sont contenuz quelles
« sommes de payemens se doibvent pour faire les droitz
« d'acquict en ladite ville, tant au voyer, que ladite ville
« de Mantes. ». Mais nous venons de voir que le péage de
la ville de Mantes avait deux sources distinctes, l'ancienne
coutume de Rosny et celle de Mantes. Or, quand on exa-
mine le tarif de 1532, on remarque que la ville de Mantes
prend un droit sur tous les objets qui y sont portés, et
qu'elle est toujours en concours, soit avec la boëte du roy,
soit avec le roy sur le voyer, mais jamais avec les deux
simultanément. N'en faut-il pas déduire, ainsi que du passage de l'inventaire rapporté ci-dessus, que le droit du roy
sur le voyer tire, comme une partie des droits de la ville
de Mantes, son origine de l'ancienne coutume de Mantes,
d'autant plus que le droit du roy sur le voyer s'appelait
anciennement droit de l'arche du pont et que, par conséquent, la boëte du roy a sa source dans l'ancienne coutume de Rosny. On se rend parfaitement compte après cela
que la ville de Mantes, pour un même objet, n'entre jamais
en partage à la fois avec le roy sur le voyer et avec la
boëte le roy.

Ce n'est pas tout. Puisque nous avons reconnu plus haut
que les acquits d'Hannencourt, des Landes, etc., prove-
naient de la même source que le droit du roy et du roy
sur le voyer, nous sommes forcés d'admettre qu'eux aussi
proviennent de l'ancienne coutume de Mantes et de Rosny.
Les documents de la commission des péages confirment ce
raisonnement[3].

Un tarif du XVIIe siècle, — si on fait la part de la con-

---

1. Mairie de Mantes.
2. Ce coutumier était du XIIIe siècle. A-t-il été détruit? Dans tous les
cas, il n'est pas à Mantes.
3. Arch. Nat. H 3116-17, 3010², dossier 336 ; 2993¹, dossier 73, etc.

version des parisis en tournois, — reproduit à peu près
intégralement celui de 1532 pour le roi et ses parsonniers[1]. La seule différence considérable, c'est qu'au
xviiie siècle il n'est plus question de droit de chaîne
sur le vin. La boëte du roy sur le voyer existait dès le
xiie siècle, puisqu'en 1196 un diplôme de Philippe II,
déjà cité, confirmait l'échange par lequel Guillaume de
Garlande abandonnait ce qu'il avait sur le péage de Mantes
à l'abbaye de Saint-Denis, que plus tard nous avons vue
avoir une part sur cette boëte. Ainsi, en résumé, la coutume de Rosny a donné naissance à une partie des droits
de la ville de Mantes et à la boëte du roy et à ses parsonniers, tandis que de celle de Mantes sont sortis les autres
droits de la ville et les acquits d'Hannencourt, des Landes
et de l'abbaye de Saint-Denis dont les propriétaires étaient
parsonniers du roi pour sa boëte sur le voyer.

Pour plus de simplicité, je viens de supposer que la ville
de Mantes percevait des droits sur tout ce qui devait l'acquit. Ce n'est pas complètement exact, car les mousards et
œuillards, sortes de meules à repasser, ne lui payaient rien
mais devaient par contre une maille au prieur de Bazainville.
Comme c'est le seul objet sur lequel la ville de Mantes ne
perçoive rien, j'en conclus que le prieur était son ayant-
cause, mais j'ignore à quel titre.

Passons aux boursettes et au menu tonlieu. En avril 1453,
Lieufroy le Clerc dit Poupart vendit aux Célestins de Limay
« tout le profit et émolument que ledit Lieufroy a, tant en
« argent qu'en sel, en et sur les recettes appelées bour-
« settes du menu tonlieu[2] ».

Il n'est question que de vin et de sel dans cet acte. Les
boursettes étaient-elles donc une sous-division du menu

1. Arch. Nat. H 3116-17.
2. Arch. de Seine-et-Oise. *Titres des Célestins de Mantes*, cahier du
xvie siècle en parchemin non coté, fol. 1 v° et suivants... On disait
indifféremment Célestins de Mantes ou Célestins de Limay.

tonlieu ? Dans le tarif de 1532, il n'est jamais question que
de menu tonlieu, même pour le sel et le vin. En 1458
et 1459 les Célestins acquirent d'autres portions dans ce
même fief des boursettes[1]; et, dans les actes d'acquisition, on dit qu'il comprenait les droits sur les denrées
descendant et montant sous le pont de Mantes. Il ne faut
donc pas attacher un sens trop précis aux termes de
menu tonlieu et de boursettes. Adrien Leclerc dit Poupart
avait, un siècle auparavant, en décembre 1353, acquis de
Guillaume Brosset son droit dans le menu tonlieu et les
boursettes[2].

Le menu tonlieu existait dès le XIII° siècle, car on lit dans
la note des formalités : « *Item eisdem* (les héritiers Asson)
« *debemus pro minuto theloneo, de qualibet nave,* etc... »
Nous pouvons remonter encore plus haut. En effet, nous
savons par le tarif de 1532 que les Célestins avaient des
parsonniers, et l'arrêt de 1540 désigne comme tels la maison de Saint-Cyr, le prieur de Bazainville, Saint-Martin
des Champs et d'autres que l'on ne nomme pas. Or, nous
avons vu que Saint-Martin avait reçu, avant 1119, de
Gervais, sénéchal de Philippe Ier, 3 oboles par bateau passant
à Mantes; nous pouvons donc conclure hardiment à l'existence du menu tonlieu au milieu du XI° siècle[3]. Il paraî-
trait même que ce droit n'était qu'un démembrement d'un
droit plus ancien; c'est du moins ce que tendrait à prouver
ce passage de l'arrêt de 1540 : « N'ont esté lesdits droits
« (du menu tonlieu et des boursettes) inventés de nouveau,
« car ils sont anciens, et procèdent de longtemps et de plus
« grands droits qui ont été divisés entre eux. » Mais à quelle
époque a eu lieu cette division ? Elle s'était au moins produite
au XIII° siècle, puisque Saint-Wandrille avait plusieurs droits
à acquitter à Mantes. Quoi qu'il en soit, ce passage de l'arrêt

---

1. Arch. de Seine-et-Oise. *Titres des Célestins de Mantes.*
2. Arch. de Seine-et-Oise. *Titres des Célestins de Mantes,* fol. 3 v°.
3. Voir à propos de ce Gervais le paragraphe 1er, p. 48.

viendrait encore à l'appui de cette opinion que tous les
droits de péages étaient réunis entre les mains du comte du
Vexin.

Le péage de Saint-Maclou n'était pas, nous l'avons vu,
un droit particulier. Le plus ancien titre que le chapitre ait
produit devant la commission des péages est un compte de
1370[1].

En résumé, les menus droits de gouvernail, de clerc de
l'eau, etc., étant laissés de côté, tous les droits si nombreux que nous avons rencontrés rentrent, au point de vue
de leur origine, dans trois classes dont les types sont, si
l'on veut, le droit du roy sur le voyer, la boëte le roy,
et le menu tonlieu. Je ne parle là, bien entendu, que
de ce que je connais positivement ; mais encore une fois il
est très probable que les comtes du Vexin ont été au
xe siècle et au commencement du xie, seuls péagers à Mantes ; car les plus anciennes pièces que j'ai trouvées ne nous
parlent que d'eux. Ce fut sans doute à l'extinction de cette
famille, dans la deuxième moitié du xie siècle, que les droits
de péages commencèrent à se diviser.

IV. Passons à l'examen de quelques-uns des articles
des tarifs et de ce qui en faisait l'objet. Nous suivons le
tarif de 1532 dont ceux d'une date postérieure ne sont,
sauf quelques variantes, que la reproduction.

Vin. Lorsqu'un bateau porte de 1 à 11 tonneaux, la
boëte le roy seule perçoit, concurremment avec la ville
de Mantes. Il y a aussi un droit fixe pour le menu tonlieu
des Célestins. Au contraire, à partir de 12 tonneaux, on
voit paraître les propriétaires des grand et petit acquit
d'Hannencourt, de l'acquit des Landes et l'abbé de Saint-
Denis. Il faut en outre remarquer que le roi et la ville de
Mantes perçoivent seuls par tonneau ; les autres, ou bien,
comme le menu tonlieu, touchent une somme fixe sur

1. Arch. Nat. H 2992[1], dossier 56.

toute la batelée, ou bien prennent la même somme, qu'il y ait 12 ou 19 tonneaux.

Pour les bateaux de 20 à 29 tonneaux, il se présente quelque chose de nouveau. D'abord le maître de la maladrerie de Mantes perçoit quelque chose sur la batelée, ce qu'il ne faisait pas quand le bateau portait moins de vin ; ensuite le petit acquit, le grand acquit d'Hannecourt, etc. reçoivent un droit proportionnel et non fixe comme auparavant. Le quantum du droit est calculé de telle sorte, qu'ils touchent moins pour 29 tonneaux que pour 19 ; par contre ils jouissent d'un droit de chaîne.

Il en est pour l'assiette, mais non pour la quotité des droits levés sur des bateaux de plus de 30 tonneaux, comme pour des bateaux de plus de 20 tonneaux.

Pour en revenir à la boëte le roy, au roy sur le voyer et à la ville de Mantes nous remarquerons que les deux premiers acquits, boëte le roy et roy sur le voyer, se calculent toujours par tonneau, mais varient singulièrement selon la façon dont le navire est chargé.

De 1 à 11 tonneaux on paie à la boëte le roy 3 sous 6 deniers par pièce ; de 12 à 19 au roy sur le voyer, 3 sous parisis et 10 sous de chaîne. De 20 à 29, 3 sous 4 deniers parisis avec 14 sous 6 deniers de chaîne [1]. Enfin à partir de 30 tonneaux le tonneau ne doit que 4 deniers parisis. La batelée supporte alors un droit de chaînes de 114 sous 9 deniers, ce qui fait que le roy sur le voyer n'y perd rien, et au contraire, si le bateau ne porte pas beaucoup plus de 30 tonneaux, il y gagne.

Quant à la ville de Mantes, son droit varie également beaucoup. Elle touche un droit proportionnel, sauf pour les bateaux de 12 à 19 tonneaux qui lui donnent 14 sous parisis sur le tout. Ce n'est qu'à partir de 20 pièces qu'elle a un droit de chaîne.

---

1. Le tarif porte « avec quatorze six den. par. de chaîne », ce qui doit être une faute ; je lis 14 sous 6 deniers, le mot sol a été omis.

Seul le menu tonlieu n'éprouve pas de variations. Il est, nous l'avons vu déjà, de 5 sous si le vin est à un marchand habitant au-dessus du pont de Mantes ; de 18 den. si le marchand est Normand, — par Normandie il faut ici entendre le pays immédiatement au-dessous de Mantes ; — enfin, il est de 3 sous 3 deniers parisis si le marchand est de « au-dessus et de au-dessous du pont ». Que veut-on dire par là ? Un passage de la vente faite en 1453 par Poupart aux Célestins d'une portion du fief des boursettes[1], nous en donne l'explication : « ..... chacun nef ou batel, y est-« il dit, portant vin où il y a françois et normand ensemble « doit à l'acquit d'icelle bourse (metive) 3 sols 3 deniers. » C'est le sens auquel je me suis toujours tenu.

Je ferai encore remarquer que le tarif du xvie siècle reproduit exactement les prix indiqués dans la vente de 1453, ce qui prouve, une fois de plus, qu'il a son origine à une époque assez reculée.

Je donne ici quelques résultats, qui montreront à combien s'élevaient, au xvie siècle, les droits sur un tonneau. J'ai toujours supposé que le vin était français, c'est-à-dire qu'il payait au menu tonlieu le maximum.

	Par tonneau	Pour le chargement
Bateau de 10 tonneaux	5 sous	50 sous
Bateau de 19 tonneaux	5 sous 1 obole	96 sous
Bateau de 25 tonneaux	5 sous 6 deniers	137 sous 8 deniers
Bateau de 30 tonneaux	5 sous 7 deniers	166 sous 10 deniers
Bateau de 35 tonneaux	5 sous et une fraction	172 sous 7 deniers

A partir de 30 tonneaux, le droit de chaîne n'augmentant pas, on arrivait à une taxe sensiblement moins élevée. Ainsi dans un chargement de 50 tonneaux chacun d'eux ne devait plus que 3 sous 9 deniers ; ce qui me fait croire que peu de bateaux devaient porter plus d'une quarantaine de pièces, car les péagers n'avaient pas l'habitude de calculer leurs tarifs de façon à perdre.

1. Arch. de Seine-et-Oise. *Titres des Célestins de Mantes*, fol. 5.

Froment. Ici encore, jusqu'à une certaine quantité, la boëte le roy et la ville de Mantes percevaient seuls ; ce n'était qu'à partir de 15 muids par bateau que les acquits d'Hannencourt et autres entraient en partage.

S'il y avait 15 muids ou moins, on payait 2 sous par muid. Au-dessus de 15 muids, le muid devait 2 sous, plus 4 deniers sur le tout, si le blé se trouvait à même le navire (en grenier) pour le menu tonlieu, ce qui, pour un chargement de 30 muids, faisait 2 sous 1/8 de denier par muid. Pour le blé débarqué à Mantes, il faut ajouter un droit de 6 deniers par muid.

Menus grains. On les appelle ici *troymois,* mot qui d'ailleurs sert souvent à les désigner. Les distinctions faites pour le blé sont répétées ici, seulement le menu tonlieu est perçu même s'il y a moins de 15 muids dans une nef. De plus ces grains ne doivent que la moitié de ce que paie le froment, et en réalité le quart seulement, car à Mantes, comme à Paris, le muid d'avoine et autres menus grains était le double du muid de blé[1].

Harengs. Si un bateau porte au moins 4 letz de harengs (40,000), il paie 30 sous de chaîne et 20 deniers par letz, plus 2 deniers pour le gouvernail ; cela faisait à peu près 1 denier pour 100 harengs. S'il y avait moins de 4 letz, on ne payait pas de droit de chaînes, mais il fallait alors donner 26 deniers par letz, ce qui ne fait pas un denier pour 400 poissons ; la différence est considérable. Le hareng saur ne payait que 2 deniers par millier.

Remarquons que d'après le procès de 1540, il semble qu'il y avait à peine un demi-siècle que le charbon de terre, la cendre de bois, le bois d'Islande étaient l'objet d'un trafic par eau. Les péagers prétendaient que le bois étant désigné sur un registre de 1380, le charbon de terre, le bois d'Islande, le brézil, la cendre de bois devaient être soumis aux droits comme étant des espèces de bois. Quant

1. Ducange au mot *Modius.*

aux figues et raisins, on reprochait à tort aux péagers de faire payer ces articles, car ils étaient portés sur un registre de recettes de 1453. Les propriétaires des péages ajoutaient avec encore plus de raison que le pastel devait acquitter, puisque la guède payait. Les bois d'Islande dont il est parlé ici ne pouvaient certainement pas venir de l'île de ce nom. On appelait probablement ainsi les bois du Nord, de la Suède, de la Norvège si riches en sapins.

Sel. Pour ne pas rompre l'énumération des objets indiqués dans le tarif de 1532, j'ai réservé pour la fin, à cause de son importance, l'examen des différents droits auxquels était soumis le sel.

Un rouleau en parchemin intitulé « Coppie de certaines « lettres estant en la possession des prieur et couvent des « Célestins de Paris » écrit au xv° siècle contient des extraits des registres des grainetiers à sel de Mantes pour les années 1364 à 1365 [1]. Je reproduis d'après lui la liste des personnes ayant un droit sur le sel.

La ville de Mantes, 1 setier; la prieure de Haute Bruyère, 3 quartiers [2]; fief de Freville (pour Aufreville), 1 mine et un demi-quartier; fief Raoul Asson, 1 mine et un demi-quartier; doyen de Gassecourt, 1 quartier et demi; femme Simon de la Place et Jehan Houde, 1 quartier; le maître de Saint-Ladre, 1 quartier; Etienne Bout du Monde, un demi-quartier; hoirs Jean Riperuel, un demi quartier; hoirs Jacques Buffet, un demi-quartier; femme Jean Doublet, un demi-quartier; fief Deucanhohe (?) un quart de quartier; femme Jean de Bryonne, un quart de quartier; femme Jean Doublet et Poupart, 2 boisseaux; l'abbesse de Saint-Cyr, l'Hôtel-Dieu de Mantes, les prieures de Villarceaux et de Claire-Fontaine, chacune un boisseau, soit 4 boisseaux.

Des documents plus anciens justifient dans une certaine

---

1. Arch. de Seine-et-Oise. *Titres des Célestins de Mantes.*
2. Le quartier de sel, étant le quart du setier, était identique au minot.

mesure cette énumération. Ainsi par un diplôme de 1168 Louis VII fit don à Saint-Sulpice de Gassicourt de 1 minot par tronc de sel[1], et Philippe-Auguste vers 1185 donna entre autres choses à l'abbaye de Villarceaux une mine à prendre sur tous les bâtiments[2]. En 1347 l'administrateur de la Maladrerie de Saint-Lazare présenta une requête à la Chambre des comptes, pour qu'on lui laissât prendre 5 setiers de sel par an à cause de 1 quartier que la maison avait le droit de lever par bateau. La Chambre n'accorda que 6 minots, c'est-à-dire les trois quarts de ce qui était demandé[3]. Postérieurement à 1365, mais sans que je puisse déterminer l'époque précise, le demi-minot d'Etienne Bout du Monde fut acquis par l'Hôtel-Dieu de Mantes[4], dont le maître Pierre de la Liegue reconnut en 1395 avoir reçu « ung setier de sel sur ce qui puet être deu à cause « d'un boissel de sel qu'il prend de rente sur chacun tronc « de sel acquitté au pont de Mantes[5]. » Le même Hôtel-Dieu, dans un aveu de 1464, énumère ce boisseau comme l'ayant de toute ancienneté, et de plus un quartier ou minot provenant de Jacques Roze depuis 1406, et enfin un setier de dix en dix semaines, ou, ce qui revient au même, sur le dixième des bateaux qui devaient l'acquit à la ville. Ce dixième de setier, qui équivalait à peu près à un peu plus d'un boisseau et demi, fut acquis en 1207 de Saint-Wandrille[6] et nous en rencontrons encore la mention dans des fermages des biens de la ville de Mantes[7]. Enfin au XVIIIe siècle, d'après les documents fournis à la commission des péages, au lieu de 1 quartier, 1 boisseau seulement serait

1. Arch. Nat. H 3002[1], dossier 219.
2. L. Delisle. *Catalogue des actes de Philippe-Auguste*, n° 149.
3. Arch. de l'Hôpital de Mantes, A, cote 12, n° 11.
4. Arch. Nat. H 2997[1], dossier 135.
5. *Catalogue de la collection Joursanvault*, n° 1241.
6. Invent. des Arch. de l'Hôpital de Mantes. — Je n'ai pu voir la pièce, qui, à cause d'un procès, était chez un avoué.
7. Arch. de la Ville de Mantes. *Adjudication des biens en* 1675. Arch. de l'Hôpital de Mantes A, cote 1, n° 10.

provenu du fief Roze[1]. Celui-ci dépendait du fief de Heuqueville, et sous ce dernier nom, nous trouvons, dans le
tarif de 1532, un boisseau attribué à l'Hôtel-Dieu, comme
ayant-cause de Heuqueville.

Suivant l'état de 1364-65, chaque bateau devait 5 setiers à Mantes, et si on additionne tous les produits partiels
on retrouve exactement 5 setiers. Un état de 1453 placé
à la suite du précédent, et un document du xive siècle[2]
attestent également que les bateaux payaient 5 setiers,
mais ils ne décomposent pas ce total.

Il y a encore une remarque assez importante à faire sur
la pièce de 1365. D'après elle, le fief de Raoul Asson, qui
recevait une mine et un demi-quartier par bateau, était
grevé de six muids de rente; les vicaires de Notre-Dame
de Mantes, Guillaume Brosset, et les hoirs de Jean
Riperuel en avaient chacun un, et l'abbé de Saint-Taurin
d'Evreux trois à lui seul. Or, il n'aurait pas fallu moins
de 115 bateaux pour fournir 6 muids, car une mine et
demi-quartier valent cinq demi-quartiers, et 6 muids
égalent 576 demi-quartiers; en divisant 576 par 5, nous
avons bien 115 et une petite fraction. Dans un autre état
dressé par Jean Mulot, grénetier de Mantes en 1453, état
que j'ai déjà signalé, on nous apprend que depuis la Saint-
Remy 1449 à la Saint-Remy 1453, 174 tonnes avaient
acquitté à Mantes; ce qui en moyenne ne fait pas 44 bateaux par an. Il y a loin de 44 à 115. Il est vrai qu'en
1449 et 1450 on avait chassé de Normandie les Anglais, ce
qui avait dû nuire considérablement au trafic; mais malgré
cela l'écart est trop grand. J'ai dit que le fief de Raoul
Asson était chargé de six muids de rente, mais tous les autres
documents que j'ai examinés n'attribuent qu'un muid à
Saint-Taurin, et je crois qu'en conséquence il faut réduire

1. Arch. Nat. H 2997[1], dossier 135.
2. Bibl. Nat. ms. fr., 1279, fol. 83. Indiqué dans l'*Étude sur les
classes agricoles,* de M. Delisle.

la rente à quatre muids; partant 77 bateaux suffisaient pour la fournir.

Il y eut des procès entre les credi-rentiers pour savoir qui serait payé d'abord, et le 1ᵉʳ avril 1415, un arrêt de la Cour des aides décida qu'ils le seraient dans l'ordre suivant : les vicaires de Notre-Dame de Mantes, les Célestins ayant-cause de G. Brosset et de Jean Riperuel, enfin Saint-Taurin d'Evreux[1]. Ce règlement d'ordre implique que la mine et le demi-quartier ne suffisaient pas pour désintéresser tous les rentiers. En 1412, les Célestins de Limay, ainsi qu'on le verra plus loin, se plaignaient de n'être pas payés, et il paraît qu'il n'était pas passé assez de troncs de sel pour qu'ils pussent toucher leurs arrérages. A Meulan vers 1450, année mauvaise, trente-six navires chargés de sel acquittèrent les droits, et en 1499, c'est-à-dire à une époque beaucoup plus prospère, il ne passa que 56 bateaux de sel.

Il est vrai qu'une certaine quantité de troncs ne dépassait pas Mantes, où il y avait un grenier à sel. Si le cinquième des bateaux restait dans cette localité, ce qui est évidemment exagéré, on trouve, en suivant les chiffres indiqués ci-dessus pour Meulan, que 44 troncs seulement vers 1450, et 67 à la fin du xvᵉ siècle acquittaient à Mantes. De sorte qu'à la première de ces deux époques, et sans doute aussi en 1412 et 1415, non seulement les propriétaires du droit de une mine et demi-quartier ne touchaient rien, mais encore Saint-Taurin d'Evreux n'était pas payé de sa rente et les Célestins ne l'étaient qu'en partie. En 1499 Saint-Taurin avait reçu environ la moitié de sa rente.

Outre cinq setiers en nature, les bateaux qui passaient à Mantes y devaient au xivᵉ siècle 33 sous[2] parisis. Ces 33 sous représentaient un droit de chaîne, puisque nous verrons plus loin que les troncs payaient au xviᵉ siècle 31 sous 6 deniers pour celles-ci.

1. Arch. Nat. H 2992¹, dossier 57.
2. Bibl. Nat. ms. fr. 1279, fol. 83.

Mais quel était à un moment donné du xiv° siècle l'équivalent en sel de ces 33 sous parisis? Dans le tarif annexé à l'ordonnance du 15 octobre 1359 sur la gabelle, le muid de Paris était estimé 40 écus et celui de Mantes 30[1]. Ce dernier représentait donc les 3/4 de celui de Paris. Mais dans l'état de 1453, déjà cité, il y a un passage ainsi conçu : « Déclaration des noms des personnes du temps « passé qui prennent à Mantes sur chacun tronc de sel « cinq sextiers de sel ancienne mesure dont les quinze et « demy font le muy. » Ce muid est celui de Paris ; car la personne qui dresse l'état est un agent royal. Elle rapporte les différentes mesures à celle de Paris, et l'ancienne mesure dont il est question est celle de Mantes. Le muid de Mantes représenterait par conséquent les 24/31 de celui de Paris, et d'une façon moins exacte, mais plus facile à saisir, les 4/5. Nous voilà donc en face de deux évaluations différentes ; je suivrai celle de 1359, comme ayant été faite à l'époque que j'ai en vue. D'ailleurs en adoptant l'évaluation de 1359, les bateaux ont moins à payer, puisqu'ils n'ont alors qu'à donner trois setiers trois minots, mesure de Paris, au lieu que dans l'autre cas ils auraient à fournir, suivant la même mesure, 3 setiers 3 minots 2 boisseaux, c'est-à-dire 1/40 de plus, ce qui, après tout, ne fait pas une grande différence.

Que représentent les 30 écus auxquels est évalué le muid de Mantes? La dernière émission de deniers d'or à l'écu avant 1359 et 1364 est du 24 août 1358, et suivant les tables dressées par M. de Wailly, ces écus valaient intrinsèquement 11 fr. 7088, ce qui met le muid de Mantes à 351 fr. 26 c. et le setier à 29 fr. 27 centimes.

Mais quelle était la capacité de ce muid de sel? Au xviii° siècle celui de Paris valait à peu près 24 hectolitres et demi, exactement 2,455 litres, et s'il y a eu des variations, elles ont dû être très faibles. Le muid de Mantes aurait donc

_____

1. *Ord.*, t. III, p. 359.

égalé 18 hectol. 42 litres pesant 3,752 kil., le poids spéci-
fique du sel étant 1.82. Et si nous supposons un navire
de 100 tonneaux, il ne pouvait porter que 26 muids 7 setiers de Mantes, valant en chiffres ronds 9,335 fr. Quant
aux 33 sous parisis de chaîne, je suis forcé de prendre
une valeur un peu arbitraire, à cause des variations incroya-
bles que l'on fit subir aux monnaies sous Jean II. Je mets
comme moyenne la livre tournois à 10 francs et la livre
parisis à 12 fr. 50; nos 33 sous parisis vaudront dans
cette hypothèse 20 fr. 60, ce qui représenterait à très peu
de chose près le prix de 2 minots 3 boisseaux. Ainsi en
résumé, vers 1360, sur un chargement valant 9,335 fr.,
on prenait 167 francs (représentant les 5 setiers pour
146 fr. 35 et les 33 sous de chaîne), c'est-à-dire 1/56.
Et encore supposons-nous des bateaux de fort tonnage.

Arrivons au tarif de 1532. D'après ce tarif il est perçu
en nature 5 setiers en faveur de divers, mais si on fait le
détail, on ne trouve plus que 1 setier 13 minots et 6 boisseaux, ou, ce qui revient au même, 4 setiers 2 minots 2 boisseaux pour la coutume du « lavaige » par eau, avec 2
bassins pour le Roy et ses parsonniers. D'autre part l'édit
de 1546, qui pose en principe la conversion en argent des
droits en nature sur le sel[1], constate qu'à Mantes on prenait
6 setiers 2 minots 9 litrons et demi par bateau, mesure
royale, se décomposant ainsi; 1° 3 setiers 2 minots, un
demi-boisseau et 5 litrons et demi pour le droit du levaige
au profit de la ville et de divers; 2° 3 boisseaux 3/4 à cause
du droit du levaige au profit du roi; 3° 2 setiers 3 minots
au roi à cause de son domaine.

A l'aide de ces deux documents essayons de connaître la
contenance du bassin de sel. Nous verrons qu'à la Roche-
Guyon le bassin était à peu près l'équivalent de 2 minots.
D'après une charte de Châlons-sur-Marne, citée par
Ducange, au mot *Baccinagium,* le bassin vaudrait environ

---

1. Fontanon. *Ord.*, t. II, fol. 1032.

1 setier. Mais remarquons que d'après le tarif de 1532 il
ne nous manque que 1 minot et demi pour avoir les 5 setiers qu'il nous annonce. Ne serait-ce pas déjà un indice
que le bassin à Mantes égalait 3 boisseaux. On peut
objecter que le minot et demi qui manque, lorsqu'on décompose les 5 setiers du tarif, ne prouve pas grand'chose,
car il peut avoir été passé, et que le tarif s'exprimant ainsi :
« s'il y a en ung bastel cinq poises et demie de sel, il doibt
« cinq setiers de sel d'acquit, mesure ancienne avec deux
« bassins de sel », il semble bien que les 2 bassins soient en
dehors des 5 setiers.

Malgré ces objections, je suis persuadé qu'il faut voir ici
dans le bassin une mesure assez petite. Voici mes raisons :
les mesures de l'édit sont celles de Paris, au lieu que celles
du tarif sont les anciennes mesures de Mantes. Or il a été
dit qu'au xv⁰ siècle le muid de Mantes ne représentait que
les 24/31 de celui de Paris; les 3 setiers 2 minots 1/2
boisseau et 5 litrons 1/2, attribués par l'édit à d'autres
qu'au roi, font 4 setiers 2 minots 2 boisseaux 2 litrons de
Mantes, ce qui se rapproche singulièrement des 4 setiers
2 minots 2 boisseaux dont on trouve le détail au tarif.
De plus, les termes mêmes de l'édit me sont favorables,
car on y décompose en deux les droits que le roi prend
sur le sel, et le moindre, 3 boisseaux 3/4, est appellé
droit du levage. On lui donne le même nom qu'au droit
perçu par la ville et consorts. Or ces 3 boisseaux 3/4
font à la mesure de Mantes 4 boisseaux 3/4, c'est-à-dire
76 litrons, ce qui nous conduit assez près du minot 1/2, ou
plus exactement 1 minot et 30 litrons ou 94 litrons qui
manquent au tarif, lequel fait expressément rentrer le droit
des deux bassins dans la coutume du levage. Aussi je con-
sidère le bassin dont il est question ici comme valant à très
peu de chose près 3 boisseaux de Mantes.

Ainsi il se prenait au xvi⁰ siècle à la mesure de cette
ville, d'une part 5 setiers, les 2 bassins compris, plus 3 setiers 2 minots 1 boisseau, — 2 setiers 3 minots à la mesure

royale — pour le domaine du roi, ce qui fait un total de
8 setiers 2 minots 1 boisseau. Nous avons dit plus haut
que le muid de sel de Paris contenait 2,455 litres pesant
4,468 kil. ; celui de Mantes n'en étant que les 24/31 avait
un poids de 3,459 kil.[1], de sorte que 8 setiers 2 minots
1 boisseau de sel pesant 2,412 kil., représentent un peu
plus de 1/41ᵉ (24/1000) du chargement d'un bateau de
100 tonneaux.

Ces 3 setiers 2 minots, mesure de Mantes, que prenait le
roi en 1546, nous ne les retrouvons ni dans le tarif de
1532, ni dans l'état de 1365, mais cela n'a rien de surprenant, puisque le tarif de 1532 fut fait après un arrêt du
Parlement, et que le maire de Mantes, qui dressait cette
pancarte, n'avait pas à contrôler ce que prenait le roi pour
son domaine. Si les boëtes du roy et du roy sur le voyer
ont été portées au tarif, c'est que le roi avait des parsonniers. Et puis il n'est pas admissible que le droit du roi ait
pris naissance entre 1532 et 1546. Pour moi, il existait à
une époque reculée, et j'en vois la preuve dans le minot
que Saint-Sulpice de Gassicourt reçut en 1168 de Louis VII,
et dans la mine donnée par Philippe-Auguste à Villarceaux.

Au xvıᵉ siècle, le droit de chaîne était fixé à 31 sous et
demi pour les bateaux de sel chargés de plus de 5 poises
1/2. Retrouver ce droit égal, on peut le dire, à ce qu'il
était au xıvᵉ siècle, doit accroître la confiance que nous
devons avoir dans le tarif de 1532 qui, encore une fois,
n'est que la constatation, au moins pour le principal, d'une
pratique bien plus ancienne. Mais au xvıᵉ siècle, je n'ai pas
eu les éléments nécessaires pour savoir ce que représentaient en sel 31 sous 1/2 de chaîne et les 3 deniers de gouvernail, aussi ai-je négligé ces droits, ce qui d'ailleurs ne
modifie pas sensiblement le résultat.

---

1. J'ai dit plus haut que le muid de Mantes pesait 3,752 kil., mais
alors je supposais qu'il valait les 3/4 de celui de Paris.

Jusqu'à présent j'ai raisonné dans l'hypothèse d'un bateau de 100 tonneaux, mais j'ai la preuve que les troncs de sel étaient d'un bien plus faible tonnage, ou du moins que le droit se percevait d'habitude sur une quantité de sel beaucoup moins grande. En effet, le tarif de 1532 ne permet de lever une certaine quantité de sel par bateau que si celui-ci porte au moins 5 poises 1/2.

Qu'était-ce donc qu'une poise? Dans les pièces trouvées dans les dossiers de la commission des péages[1], le muid de Paris payant 17 livres, on imposait la poise à 10 livres. Nous sommes il est vrai au XVIIIe siècle, mais les mesures n'ont pas varié comme les monnaies. Cinq poises et demie de sel auraient donc fait 55/17 de muid ou 3 muids 1/4, ou 14 tonnes et demie, ce qui est fort peu. Le Coutumier de Dieppe porte la poise à 18 mines[2], et au cas où il en aurait été ainsi à Mantes, la poise ou 18 mines de ce pays aurait pesé 2,511 kil., et les 5 poises 1/2 13,810 kil., ce qui est très près du résultat que j'avais déjà obtenu. Portons même, si l'on veut, les 5 poises 1/2 à 15,000 kil., le bateau devant 8 setiers 2 minots 1 boisseau, mesure de Mantes, pesant 2,412 kil., c'était presque le sixième de la charge qu'on lui enlevait! Ce résultat est tellement exorbitant, qu'il nous indique, qu'en fait, il ne devait guère passer de troncs ne portant que 5 poises 1/2.

Le tarif de 1532 dispose que les bateaux entrant dans les limites du péage de Mantes ne peuvent pas alléger de plus de 5 poises, sous peine de payer double droit, et cette défense est toute naturelle, car si l'allège, tirot ou soustirot, avait porté plus de 5 poises, il eût été un bateau ordinaire, et comme tel soumis à l'acquit.

V. Examinons maintenant quelques faits plus récents. Un arrêt de la Cour des aides du 2 janvier 1672, qui main-

1. Arch. Nat. H 2293, dossier 73.
2. L. Delisle. *Etude sur la condition des classes agricoles en Normandie*, p. 568.

tenait les religieuses de Haute-Bruyère dans la jouissance
de 8 setiers en essence sur les quatorze premiers bateaux
maires ou allèges arrivant ou passant à Mantes, soit un
peu plus de 2 minots 1 boisseau par tronc, et de 10 livres
pour chacun des bateaux suivants[1] fut cassé en vertu de
l'édit de 1546 par un arrêt du Conseil du 3 juin 1673[2], en
tant qu'il admettait la perception des droits sur les allèges
et tirots. Cependant un autre arrêt du Conseil du 12 septembre 1676 confirma celui de la Cour[3]. Ces 2 minots
1 boisseau mesure royale représentent les 3 minots que les
religieuses prenaient au xive siècle.

Mais on ne comprend pas ce que signifient les 2 sous
6 deniers que remettait vers 1600 le grènetier à sel, à la
ville de Mantes, par minot de sel lui revenant[4]; car, aux
xive et xvie siècles, celle-ci recevait 3 minots ou environ
par bateau, ce qui, d'après l'évaluation de 1546, aurait fait
11 sous. Quoi qu'il en soit, ce droit de 2 sous 6 deniers qui
rapportait, dans le dernier trimestre de 1600, 38 écus
46 sous 3 deniers tournois à cause de la vente de
19 muids 4 setiers 2 minots, produisait 76 écus 20 sous
tournois pendant les trois premiers mois de 1601.

La ville de Mantes, à partir d'une époque probablement
assez récente, percevait un droit appelé « l'outre plus du
sel » qui s'élevait à 70 sous par bateau[5].

Il est difficile d'expliquer pourquoi les Célestins, auxquels, en 1418, 1453 et 1462, les parts de Jean Riperuel
de Jean Doublet et de Poupart avaient été données par
Jacquette Riperuel, Leclerc dit Poupart et autres[6] s'éle-

---

1. Brillon. *Dictionnaire des arrêts.*
2. Arch. Nat. AD^IB xiii, cart. 3.
3. Brillon. *Dictionnaire des arrêts.*
4. Arch. de la Ville de Mantes, *Compte de* 1601, fol. 20.
5. Arch. de la ville de Mantes. *Fermage des biens de la ville
pour* 1675.
6. Arch. de Seine-et-Oise. *Titres des Célestins de Mantes*, original
et copies.

vant à 1 boisseau 1/2 par bateau, obtenaient en 1647 un jugement qui leur reconnaissait le droit de prendre 50 sous sur les 20 premiers bateaux de sel, et 7 livres 10 sous sur les suivants [1].

Voici enfin certains renseignements sur l'importance de quelques-uns des droits qui se percevaient à Mantes. Des comptes trouvés dans les archives municipales de cette ville, il résulte que les droits des deux boëtes furent affermés en 1448 pour trois années au profit du roi et de ses parsonniers, le seigneur de Hannencourt, l'abbé de Saint-Denys, etc., moyennant 1,260 livres 12 deniers parisis, soit par an 210 livres 2 deniers pour le roi qui avait la moitié. Le droit de gouvernail, qui resta toujours fixé à 2 deniers par bateau, fut adjugé en 1601 à 11 livres 5 sous; en 1620, à 22 livres; de 1625 à 1630, à 18 livres et en 1673, à 17 livres. La ferme du vin le fut en 1619 et 1620 moyennant 1,975 livres tournois par an [2]. Enfin, pendant les années 1640, 1641 et 1642, il fut levé sur les bateaux montant et avalant les dimanches et jours de fêtes 64 livres 5 sous, 55 livres 3 sous 10 deniers et 72 livres.

Les Célestins affermèrent les boursettes et le menu tonlieu pour 600 livres par an de 1660 à 1680; 480 de 1609 à 1643; 540 en 1649; 480 en 1655 et 80 en 1665. Un état de 1771 nous indique quelle était la situation légale des péages de Mantes. Avaient été supprimés, faute de titres représentés, les droits sur le sel de l'abbaye de Claire-Fontaine et de l'Hôtel-de-Ville de Paris. Avait été suspendue la perception d'une partie des droits faisant partie des deux boëtes du roy et du roy sur le voyer. Tous les autres péages avaient été confirmés, ou bien la perception en avait été maintenue jusqu'à la vérification des titres [3].

1. Arch. Nat. H 3010², dossier 335.
2. Arch. de la Ville de Mantes. Comptes des années dont il est ici question.
3. Arch. Nat. AD¹ᴵᴵ XIII, cart. 8.

§ 18. LA ROCHE-GUYON.

Dans la dernière moitié du xi⁴ siècle, Guy, seigneur de
la Roche, exempta de ce péage l'abbaye de Saint-Père de
Chartres à cause du prieuré de Saint-Pierre de Jusiers qui
en dépendait[1]. Jumièges[2] et Saint-Wandrille[3] au siècle
suivant, en 1186, virent confirmer la franchise de leurs
bateaux par un autre Guy. Les marchands de Mantes,
ayant souvent à passer à la Roche-Guyon, furent conduits
de bonne heure à faire des conventions avec les seigneurs
de ce péage. Nous en possédons une en latin de 1196[4].
Elle est analysée tout au long dans un inventaire du
xvi⁴ siècle rédigé en français[5], mais elle y porte la date de
1195. Suivant cette convention, le vin, le sel et les harengs
étaient seuls soumis à des droits, les autres marchandises
étaient franches.

Pour le vin, on distingue s'il est dans des *tonœ*, des *dolia*
ou des *cadi*, et ces expressions sont traduites dans l'inventaire
de 1543 par tonnes, poinçons et caques. S'il y a une tonne
avec des *dolia* elle paye 15 deniers ainsi que les poinçons;
seulement on en déduit le poinçon dont use l'équipage; il
y a en outre 4 deniers de pontage. Si le bateau porte
six poinçons ou moins sans tonne, chaque poinçon doit
3 sous, mais alors il n'y a pas de pontage. Au delà de six,
chaque poinçon paye 15 deniers avec 4 deniers de pontage.
La caque ne doit que 1 picte s'il y en a douze au moins; au-
dessous de ce nombre elles doivent comme les tonnes
15 deniers.

1. Guérard, *Cartulaire de Saint Père de Chartres*, p. 181 et 182.
2. Arch. de la Seine-Inférieure. *Cartulaire de Jumièges*, pièce 69.
3. L. Delisle. *Catalogue des actes de Philippe-Auguste*, n° 125; et
Arch. de la Seine-Inférieure. *Cartulaire de Saint Wandrille*, coté 36,
4. *Revue des Sociétés Savantes*, 4ᵉ série, t. V, p. 536-37. Publication
faite d'après l'original par M. Ed. de Barthélemy.
5. Mairie de Mantes. *Inventaire des tiltres et lettres* (1543).

Si les droits auxquels étaient soumis respectivement la caque et le poinçon indiquaient le rapport des contenances de ces deux vases, la caque alors aurait été bien petite, même en admettant que le poinçon fût semblable à la queue et que celle-ci fût composée de deux muids[1]. D'autre part il y avait des caques qui représentaient les 2/5 du poinçon[2]; et puis il est bien plus vraisemblable de supposer qu'on ne s'est occupé dans l'accord, que des vases d'une certaine importance. J'expliquerais de la façon suivante l'énorme différence des droits supportés par les poinçons et les caques. Ces dernières ne formaient sans doute d'ordinaire que la très faible partie d'un chargement; aussi les seigneurs de la Roche consentirent-ils à les imposer fort légèrement; mais de crainte que, pour éviter en partie les droits, les mariniers ne s'efforçassent de mettre le vin exclusivement dans des caques, ils se réservèrent, lorsqu'il y en aurait plus de douze, de les traiter comme des poinçons.

Pour les harengs on donnait deux poissons pour mille avec 8 deniers de pontage. Le sel, ici comme à Mantes, était au point de vue du chargement divisé par poises, et pour 5 poises et demie 3 bassins étaient dus. Si le seigneur de la Roche ou son préposé pensaient qu'un bateau était chargé de plus de 5 poises et demie, le marinier devait jurer qu'il n'y en avait pas davantage, autrement il payait 3 bassins. Si le navire portait plus de 5 poises et demie ou était à destination de Mantes, il était intégralement grevé de 3 bassins.

Dans les deux pièces que je viens de citer, on ne dit pas quel muid servait de base, mais comme au xvi⁰ siècle on évaluait à la mesure de Mantes, j'ai tout lieu de croire que c'était déjà cette mesure que l'on employait au xii⁰ siècle. La proximité des deux localités appuie cette conjecture, et je

1. L. Delisle. *Etude sur la condition des classes agricoles en Normandie au Moyen Age.*

2. *Loc. cit.*

n'ai jamais vu faire mention de mesures propres à la Roche.
Aussi ferai-je mes calculs en suivant la mesure de Mantes.

D'après les termes de la convention, des bateaux pouvaient avoir moins de 5 poises et demi; mais si nous en
supposons un qui les eût, nous trouvons, d'après les calculs
que j'ai faits en étudiant le péage de Mantes, qu'il était
chargé au plus de 15,000 kil. et que, le bassin valant 7
boisseaux un tiers de Mantes, comme je le montre plus bas,
c'était 1/112 de la charge que l'on donnait lorsqu'on devait
2 bassins, et 1/74 lorsqu'on en devait trois.

En dehors de la convention spéciale que nous venons
d'étudier, il se prenait au xivᵉ siècle par bateau deux bassins de sel ras et un comble[1] et ces 3 bassins en 1567
étaient évalués à 5 minots et demi, mesure de Mantes[2].
Le bassin en usage à la Roche différait considérablement
de celui de Mantes, où, comme on l'a vu, le bassin ne
valait environ qu'un demi-minot, tandis qu'ici on le donne
comme équivalant à très peu de chose près à 2 minots.
L'édit de 1546 dit aussi qu'il se prend à la Roche 5 minots 1/2.

En 1567 les pièces de vin liées d'osier devaient chacune
3 sous parisis, quelle que fût leur contenance, et cela jusqu'à
6 pièces. Depuis ce nombre jusqu'à 20, le droit n'était plus
que de 2 sous, sauf pour les tonneaux imposés au double. A
partir de 21 pièces, 12 deniers par pièce étaient dus, mais
alors il y avait 30 sous de chaîne et 1 denier parisis de
mérot. Il est évident que ces pièces liées d'osier sont les
poinçons qui figurent dans la convention de 1196, où chaque
poinçon devait 3 sous, jusqu'à concurrence de 6 poinçons par
bateau. Rappelons encore que l'abbaye de Saint-Wandrille
était soumise à un droit de chaîne de 30 sous à partir de
12 pièces; ce ne sont certainement pas là des ressemblances
fortuites.

Lorsqu'il y a 21 pièces dans le bateau, les petits fûts

---

1. Bibl. Nat. ms. fr. 1279, fol. 83.
2. Arch. Nat. P 1189.

comme caques, demi-caques ne doivent « que ung denier
parisis… sinon qu'il y en eust jusques à une douzaine ou plus
et chacune douzaine doibt autant que une dix-neufiesme, et
doibt chacun bateau 1 denier pour le mérot. » Ne veut-on
pas dire par là, que s'il y a 12 caques ou plus, chaque
douzaine paiera comme 19, c'est-à-dire un peu plus de 1
denier et demi par caque ? Rappelons-nous que lors de la
convention de 1196, on stipulait qu'au delà de 12 caques,
chaque caque paierait 15 deniers, c'est-à-dire autant
qu'un poinçon. Il y a là une idée analogue aux xiiᵉ et
xviᵉ siècles, idée que j'ai déjà tâché d'expliquer.

Les boissons autres que le vin (cidre, poiré), l'huile et le
miel que l'on désigne sous le nom générique de liqueurs
d'arbres, paient ce que doit le vin quand il y a plus de 20
pièces par bateau.

Revenons à la convention de 1196. Il paraît que les
marchands de Mantes essayèrent de frauder et, en 1224, il
y eut un nouvel arrangement fait par la médiation du chan-
celier et du chambrier de France[1]. Les marchands durent
venir tous les ans à la Roche jurer qu'ils ne feraient pas
passer d'autres marchandises que les leurs, et si le seigneur
prétendait qu'ils avaient fait passer plus de bateaux qu'ils
n'en avaient déclaré, les marchands devaient être crus sous
leur serment. Si enfin ceux-ci vendaient le vin avant de passer à la Roche, ils étaient taxés comme s'ils n'étaient pas
de Mantes.

Des franchises avaient été accordées à l'abbaye de Saint-
Wandrille, mais elles étaient loin d'être absolues comme
nous l'apprennent un accord de 1282 et une note du xiiiᵉ
siècle indiquant les formalités que les bateliers de cette
maison devaient remplir[2]. Dans ces deux pièces il n'est

1. Bibl. Nat. *Collect. Levrier*, t. XIV, pièce 852.
2. Extrait du *Rituale lectionarium S. Wandreg.* A 371-441, de la
bibl. de Rouen, fol. 26 vᵒ, édité dans la *Revue des Sociétés Savantes*,
année 1858, 2ᵉ semestre, page 10. Arch. de la Seine-Inférieure. *Cartulaire de Saint Wandrille*, coté 36, fol. 307 rᵒ et vᵒ.

question que du vin. La première nous dit, et on le comprend facilement, que les bateaux de Saint-Wandrille ne
payaient rien en remontant la Seine. D'après la note des
formalités, il était dû 12 deniers par *dolium ;* le document
de 1282 parle de tonneau, avec 30 sous pour les chaînes,
que l'on ne payait pas, s'il y avait moins de 12 à 16 tonneaux ou environ, et si le batelier voulait donner 3 sous
par tonneau. Le pontonnage était de 8 deniers avec 1 denier pour le pontonnier. Dans la pièce de 1282, on ne distingue pas si le vaisseau était chargé de 18 tonneaux ou de
moins.

Je dis, d'après l'accord de 1282, qu'il y avait 30 sous de
chaînes, mais voici ce que porte la note des formalités :
« Item apud Rupem Guidonis, debemus de quolibet dolio
« XII denarios, *et de quolibet vase vina portante pro lagenis*
« *XXX solidos.* Et si ibi sint XII dolia, vel sexdecim, vel
« circa in uno vase, qui conductor navium, *non solvet la-*
« *genas* pro eo vase, si voluerit solvere pro quolibet dolio III
« solidos......» Si on veut voir dans le mot *lagena* un objet
quelconque à mettre du vin, il est impossible de comprendre
ce passage, car si un *dolium* paie 12 deniers, quelle est la
pièce assez grande pour payer trente fois plus ? On peut ré-
pondre, à la vérité, que dans les tarifs du moyen âge on ne
se piquait guère de suivre les règles de la proportionnalité,
aussi je n'insiste pas ; mais je demande que l'on fasse attention à cette faculté laissée au batelier de ne pas acquitter
les *lagenas* s'il donne 3 sous par poinçon. Chose plus déci-
sive encore, il est évident qu'il faut traduire *vas* par *navire,*
car comment expliquer autrement le *vase vina portante ?*
Cette nécessité de traduire *vas* par navire résulte encore
de deux passages de cette même note qui sont relatifs à
Mantes et que je reproduis ici : « In hac villa (Mantes) hec
« debemus, canonicis Sancti-Dyonisii, pro quolibet dolio,
« 1 denarium ; item *pro lagenis* III solidos et IX denarios
« *de qualibet nave et de bacco similiter........* Debemus
« preposito de Roeni, pro les Malveisins, de quolibet dolio

« in nave seu navibus existente, IIII den. ; et de qualibet
« nave, pro lagenis, III solidos[1]. » Est-ce que le navis du
dernier fragment n'est pas exactement le vas des deux pré-
cédents ? Il est donc hors de doute que vas est le bateau
lui-même. Mais alors pro lagenis signifie pour les chaînes,
car quel sens, je le demande, si on traduit lagena par
bouteille ou tout autre mot équivalent ? Et puis, dans le
dernier passage, ne dit-on pas très clairement que, pour un
navis, on paie 3 sous pour les lagenœ. Enfin, dernier argu-
ment, l'accord de 1282, qui est pour ainsi dire la reproduction de la note, dit formellement qu'il est dû 30 sous pour
les chaînes et c'est ainsi que je traduirai pro lagenis. J'ai
longtemps hésité à proposer ce sens, car nulle part je n'en
ai trouvé trace, mais il me semble que les rapprochements
conduisent à l'admettre.

Nous avons vu plus haut que dans la convention de 1195
dolium était rendu par poinçon. Mais ici la pièce latine parle
toujours de dolia et la française de tonneaux, ce qui est
d'ailleurs la façon ordinaire de traduire dolium.

En 1282, la difficulté qui nécessita la nomination d'arbitres entre Saint-Wandrille et le seigneur de la Roche était
la suivante. Les religieux voulaient payer 12 deniers pour
les pièces petites ou grandes ; Guy exigeait 12 deniers par
tonnel de la mueson de Saint-Jean et de Gascogne, et pour
les tonneaux plus grands 4 deniers par muid. Les arbitres
décidèrent que Saint-Wandrille pouvait faire passer chaque année 60 tonneaux contenant chacun 4 muids à la
mueson de Saint-Jean et de Gascogne, et que, pour les vaisseaux plus grands, il serait dû 4 deniers par muid. En somme
Saint-Wandrille avait gain de cause, et celui qui condui-
sait son vin était cru au péage sur son seul serment sans
« mesurer autrement », et je me figure que l'abbaye ne
devait pas y perdre.

1. Je cite aussi ces passages relatifs à Mantes parce qu'ils nous
prouvent, par la répétition du mot lagena, qu'il ne faut pas voir une
erreur dans un des endroits du texte.

Aux xiv et xv⁰ siècles, il y eut des procès entre la ville de Paris et les seigneurs de la Roche. En 1326, Jean Prudhomme fut condamné par le Parlement à abandonner 54 tonneaux pour lesquels il n'avait pas acquitté, ou à donner 8 sous tournois par tonneau [1].

Le 3 septembre 1417, la cour décide qu'elle va prononcer entre le prévôt des marchands et le seigneur de la Roche; elle n'avait pas manqué de temps pour élucider l'affaire, car le plaidoyer était du 27 mai 1406 [2]. Je n'ai pas malheureusement trouvé l'arrêt, mais le plaidoyer de 1406 est fort curieux [3]. Le prévôt des marchands, appuyé par le procureur général, se plaint amèrement de l'énormité des droits; ainsi, de mille harengs, on en aurait d'abord pris vingt-cinq, plus cinquante pour le bateau et dix pour le pontonnage; d'un bateau de sel, trois mesures et de plus une pelletée; mais on ne nomme pas la mesure. Une queue de vin payait deux sous. Il est probable que ces trois mesures, dont l'une était comble et les deux autres rases, étaient les bassins dont il a été déjà question plus haut. Dans le tarif du xvi⁰ siècle on parle de trois bassins, dont un comble. Je passe sous silence les plaintes habituelles, comme celle du temps que l'on faisait perdre aux bateliers. Les demandeurs prétendaient que les droits que l'on prenait n'étaient pas anciens, puisqu'ils voulaient qu'on revînt aux usages antérieurs.

La ville de Paris s'occupait beaucoup de la navigation qui avait tant d'importance au point de vue des approvisionnements. Elle avait « quatre sergens de l'eau qui vont in-
« cessamment par les rivières et grans chemins et font le
« rapport sur l'empêchement qu'ils y trouvent ». Un bailli du seigneur de la Roche ayant mis en prison un de ces sergents, son maître fut condamné à 5 livres d'amende [4].

1. Arch. Nat. X 5, fol. 450.
2. Arch. Nat. X 1480, fol. 104-105. Conseil.
3. Arch. Nat. X 4787, fol. 356 r⁰.
4. Arch. Nat. X 4832, fol. 107 r⁰ et v⁰.

Je n'ai trouvé, dans les papiers de la commission des péages, nulle mention de la Roche-Guyon, et cependant il y avait encore un péage dans cette localité au xviiie siècle [1].

---

1. Ch. de Beaurepaire. *De la vicomté de l'eau,* d'après les archives de la chambre de commerce de Rouen, carton 7, liasse 2.

CHAPITRE V.

EXEMPTIONS ET RENTES.

Il a été déjà question de rentes assises sur les péages, de personnes, de corporations exemptes de droits. Je ne me suis jusqu'à présent occupé de ces rentes et exemptions qu'autant que j'y ai été amené par mon exposition. Je vais maintenant faire une rapide énumération de celles dont je n'ai point encore parlé.

§ 1. EXEMPTIONS.

SAINT-WANDRILLE. Gauthier, comte du Vexin, avait, ainsi qu'on l'a déjà vu, accordé des franchises à Saint-Wandrille. Dreux, autre comte du Vexin, la famille de Mauvoisin, les comtes de Meulan confirmèrent cette exemption à plusieurs reprises et notamment en 1030, 1150, 1167 et 1308[1]. Mais Dreux reçut une somme d'argent dont on n'indique pas le montant, et la franchise de 1150 fut donnée pour un marc d'argent. Elle ne s'appliquait qu'à un bateau de vin et de vin de France, par conséquent à un bateau

---

1. De Fréville déjà cité. Bibl. Nat. *Collect. Levrier*, t. II, n° 106, t. XIII, n° 562, t. XVI, n° 1336; Arch. de la Seine-Inférieure. *Cartulaire de Saint Wandrille*, coté 36, fol. 307 r° et v° 308 r°.

6

descendant la Seine. Cela montre qu'il ne s'agissait que du vin servant à l'usage de l'abbaye.

Dans la deuxième moitié du xiie siècle, Robert IV de Meulan (1167-89) attestait à Louis VII que jamais on n'avait exigé de péage pour les bateaux de Saint-Wandrille passant à Mantes et que Gasc de Poissy et Guy de la Roche-Guyon ses ayant-droit avaient eu tort en prétendant percevoir ce droit. Faut-il en conclure que cette attestation de Robert IV contenait quelque chose de nouveau ? Les termes de la pièce le feraient croire, car le comte de Meulan parle de franchise sans faire aucune réserve. Je ne pense pourtant pas qu'il faille l'entendre ainsi, car Saint-Wandrille au xiiie siècle payait des droits assez considérables pour ses vins.

M. Delisle a publié dans la *Revue des Sociétés savantes*[1], un passage d'un manuscrit de la bibliothèque de Rouen[2], faisant connaître les formalités que devaient remplir les maîtres de bateaux montant et descendant la Seine pour le compte de Saint-Wandrille. J'en ai déjà parlé en m'occupant de la Roche-Guyon, et je n'ai plus à revenir sur ce qui concerne cette localité. M. Delisle date cette pièce du xiiie siècle. M. Lecaron a eu l'obligeance de me communiquer un texte tiré de la bibliothèque du Vatican[3], également du xiiie siècle, qui reproduit presque toujours sinon les termes, du moins le sens du manuscrit de Rouen. D'après ce dernier, en montant, l'abbaye était libre de tous droits à Mantes, mais en descendant elle devait au monastère de Saint-Denis 1 denier par tonneau et 3 sous 9 deniers *pro lagenis*, que je traduis par chaîne[4]. Elle de-

---

1. Année 1858, 2ᵉ semestre, p. 10 et suiv.
2. Bibl. de Rouen. Ms. A 371-441, fol. 26 vᵒ. *Rituale et lectionarium Sancti Wandregesili.*
3. Bibl. du Vatican 553, II, fonds de la reine Christine, fol. 1, tiré d'un feuillet de garde.
4. Voy. plus haut, p. 77.

vait aux héritiers Asson autant qu'à l'abbé de Saint-Denis et au menu tonlieu 15 deniers par navire.

Comme on sait que, dès le xiv° siècle, les bateaux chargés de vin et non exempts payaient à Mantes 5 sous 18 deniers, ou 3 sous 6 deniers, selon qu'ils étaient français, normands ou métis, on peut conclure que les 18 deniers que Saint-Wandrille payait au menu tonlieu n'étaient pas une somme arbitraire, et que si l'on avait fixé ce prix, c'est que dès le xiii° siècle on distinguait les vins en vins français, normands ou métis. L'avantage accordé à Saint-Wandrille aurait alors été de payer pour les vins français comme s'ils avaient été normands. Au seigneur de Flacourt les religieux payaient 11 sous par bachot, et au prévôt de Rosny pour les Mauvoisins 4 deniers par tonneau et 3 sous pour les chaînes, s'ils faisaient passer des bateaux autres que des bachots. S'il y avait fraude, le prévôt du roi, auquel rien n'était dû, pouvait arrêter le bateau, et dans ce cas, il fallait payer une amende de 2 sous au prévôt et de 6 deniers pour les serviteurs du vicomte.

Ainsi, malgré une exemption relative, le tonneau de vin appartenant à Saint-Wandrille devait, si l'on suppose un bateau chargé de 30 pièces, 2 sous et un peu plus de 9 deniers. Dans le texte du Vatican, il y a quelque chose de plus. Les tonneaux placés sur bout ne devaient rien à l'abbé de Saint-Denis, et il pouvait y avoir par bateau 1 tonne sur bout et 10 « enforchies », c'est-à-dire sur chantier.

Au xiv° siècle, les religieux prétendaient ne rien devoir pour le travers du seigneur de Rosny et être seulement obligés de corner[1]; le bailli de Rosny acceptait cette prétention qu'il confirmait par un jugement de 1308. Certes le bailli de Rosny, pour juger comme il le fit, devait avoir de bonnes raisons, et de plus on ne doit pas le soupçonner de partialité pour les religieux. Cependant la note des

---

1. Arch. de la Seine-Inférieure. *Cartulaire de Saint Vandrille*, coté 36, fol. 307 v° et 308 r°.

formalités, ne l'oublions pas, émanait de ces mêmes religieux, qui ne cherchaient pas à conserver le souvenir de ce qui leur était défavorable, et ce sont eux qui écrivent que le tonneau de vin devait 4 deniers et 3 sous pour les chaînes. Je crois que, dans le cas qui nous occupe, il faut voir un ancien droit tombé en désuétude. Le bailli aura consulté les gens du pays qui lui auront attesté que, de mémoire d'homme, on n'avait vu Saint-Wandrille acquitter au travers de Rosny. En 1455 on voit qu'un bateau de Saint-Wandrille portant 10 poinçons passe le pont et est quitte « en flageolant, d'une mette qui est au-dessus « dudit pont jusqu'à une autre mette qui est au-dessous du « pont de Mante. »

La franchise du travers de Meulan, obtenue par Saint-Wandrille de Hugues, comte de Meulan, vers la fin du x° siècle lui fut confirmée aux xi° et xii° siècles par Hugues II, Galeran II et Robert II[1]. Mais celle-ci n'était pas complète, puisque, d'après la note des formalités, tout bateau payait à Saint-Nicaise en montant, un droit de gouvernail de 1 denier, et en descendant 13 deniers.

A Conflans, Mathieu comte de Beaumont confirma au xiii° siècle la franchise que l'abbaye avait reçue en 1039[2]. Le conducteur du navire devait seulement en descendant demander la permission au gardien du château et aux deux prévôts de la ville.

JUMIÈGES. A Mantes cette abbaye fut exemptée en 1006 par Gautier comte du Vexin, en même temps que celle de Saint-Wandrille. Dreux, successeur du précédent, confirma cette franchise[3]. Dans les deux pièces ci-dessus, on ne

1. Arch. de la Seine-Inférieure. *Cartulaire de Saint Wandrille*, coté 36, fol. 307 ; et Bibl. Nat. *Collect. Levrier*, t. XI, pièce 146, t. XII, pièce 339.
2. Arch. de la Seine-Inférieure. *Cartulaire de Saint Wandrille*, fol. 306 v°.
3. Bibl. Nat., *Collect. Levrier*, t. XVI, pièce 1389.

spécifie pas les objets qui étaient libérés des droits, mais
dans un diplôme de Louis VII donné en 1174, on parle de
vin et des autres choses à l'usage des moines de Jumièges.[1]
On y voit aussi que les officiers royaux, dans le doute, ne
se faisaient pas faute de lever des droits sur les bateaux du
monastère. Le roi réunit les bourgeois les plus âgés de
Mantes, et ceux-ci jurèrent que l'abbaye ne lui devait rien
pour ce qui servait à sa consommation. En conséquence,
Louis VII reconnut l'immunité du monastère, mais celui-ci
dut donner tous les ans un esturgeon ou 100 sous, ce qui
montre et le cas que l'on faisait de ce poisson, et l'élévation
des droits pour le commun. Gasc de Poissy en présence du
roi accorda à Jumièges le libre passage pour ses bateaux
chargés de choses à l'usage du monastère et passant à
Mantes (1182)[2]. L'abbaye avait un abonnement avec
Jean de Flacourt. Elle lui payait 60 sous à Mantes ou à
Rosny. Jean tenait ces 60 sous de Guy de Mauvoisin. Les
religieux rachetèrent ce droit le 29 décembre 1225 moyennant 53 livres[3].

A Meulan le monastère jouit de bonne heure d'une
exemption pour ses vins. Nous en avons une confirmation
par Hugues II en 1058[4]. Mais en retour du bateau qu'ils
pouvaient faire passer franchement, les religieux devaient
donner au comte un cheval tous les ans. Galeran II leur
remit encore cette charge[5]. D'après une pièce de 1203, l'abbaye aurait encore eu à fournir, pour se racheter du péage,
un écu. Une certaine Agnès, du consentement de Roger,
sénéchal de Meulan, leur en fit la remise[6].

1. Arch. de la Seine-Inférieure. *Cartulaire de Jumièges*, 20 bis,
pièce 68.
2. *Loc. cit.*
3. Bibl. Nat. *Collect.. Levrier*, t. XIV, pièce 858.
4. *Loc. cit.*, t. XI, pièce 37.
5. Arch. de la Seine-Inférieure. *Cartulaire de Jumièges*, 20 bis,
pièce 65.
6. *Loc. cit.*, pièces 64 et 66.

PRÉAUX. Cette maison exemptée à Mantes en 1076[1] le fut, la même année, à Meulan par Galeran qui s'y retira en 1077[2].

LE BEC. Il eût été surprenant de ne pas rencontrer au nombre des privilégiés le grand monastère du Bec. En 1100 il fut libéré à Meulan de tout péage pour les choses qu'il consommait[3]. Nous avons des confirmations de 1140 et 1146 par Galeran II et de 1176 par Louis VII[4]. Le Bec avait reçu les mêmes avantages de Mathieu Ier de Montmorency vers 1150[5]. A la fin du xie siècle Philippe Ier confirma l'exemption de l'abbaye à Poissy et à Mantes[6]. Le même roi, vers 1100, prit sous sa protection les biens des religieux, et d'une façon spéciale, le bachot et le navire que chaque année les religieux faisaient passer à Mantes et à Poissy[7]. A la même époque Robert II, comte de Meulan, confirmait la franchise non seulement pour le vin, mais encore pour les autres denrées[8] et l'étendait à tous les religeux du Bec en quelque lieu qu'ils fussent établis. Cette franchise fut ratifiée en 1137 par Louis VII[9], en 1140 et 1146 par Galeran comte de Meulan[10], en 1167 par Robert IV, et en 1178 par Gasc de Poissy, Guy de Mauvoisin[11] et l'abbé de Saint-Denis.

BON-PORT. Mathieu de Montmorency accorda en 1189[12] aux religieux de l'abbaye de Bon-Port la franchise du

1. Bibl. Nat. *Collect. Levrier*, t. XI, pièce 197.
2. *Loc. cit.*
3. *Loc. cit.*, t. XII, pièce 308.
4. *Loc. cit.*, t. XII, pièce 444.
5. *Neustria pia*, p. 491.
6. *Loc. cit.*, p. 482.
7. Bibl. Nat. *Collect. Levrier*, t. XII, pièce 307.
8. *Loc. cit.*, t. XII, pièce 308.
9. *Loc. cit.*, t. XII, pièce 415.
10. *Loc. cit.*, t. XII, pièces 429, 430, 444, t. XIII, pièces 553, 585, 603, 604, 605.
11. Bibl. Nat. ms. lat. 9211, pièce 70.
12. *Cartulaire de Bon-Port*, pièce 14.

péage de Conflans. Deux ans plus tard, Raoul de Conflans les tint quittes du droit de gouvernail [1]. Simon de Montfort les exempta également [2], mais cette exemption ne s'appliquait qu'aux choses à l'usage des moines et non à celles qu'ils auraient achetées pour revendre (1202).

Pierre de Mauvoisin remit aux religieux de Bon-Port les coutumes qu'ils devaient pour leurs navires de Mantes à Rosny [3], et Guy en 1190 leur donna un navire par an franc et quitte de tout péage. Cette exemption devait être imputée sur les 160 livres que ledit Guy pouvait prendre sur le tonlieu [4]. Des difficultés s'étant élevées avec la ville de Mantes ayant-cause des Mauvoisins, des arbitres furent nommés. Ils reconnurent le droit qu'avait Bon-Port de faire passer un navire en montant et en descendant sans rien payer [5].

Autres exemptés. A Mantes, l'abbaye de Saint-Denis, à la suite d'une composition avec la ville, et à charge de jurer que les choses étaient bien pour son usage, était exemptée (mai 1264) [6]. Charles VI accorda aux habitants de Falaise la franchise dans tous ses domaines [7], excepté à Mantes. Etait-ce parce que le travers de cette localité était le plus productif ? Les Mantois ne payaient pas dans toute l'étendue de la châtellenie de Meulan, et quand en 1320, vu le mauvais état de leurs finances, ils abandonnèrent à Philippe de France, comte d'Evreux, leur actif, ils se réservèrent cette franchise, et cette réserve fut confirmée par le roi en 1375 [8]. Enfin en 1377 le Parlement jugea par

1. *Cartulaire de Bon-Port*, pièce 15.
2. *Loc. cit.*, pièce 20.
3. *Loc. cit.*, pièce 9.
4. *Loc. cit.*, pièce 8.
5. Mairie de Mantes. *Inventaire des tiltres et pièces de la ville de Mantes*, fol. 12.
6. *Loc. cit.*
7. *Ord.*, t. VI, p. 640.
8. Arch. Nat. JJ 107, pièce 184.

provision que les habitants de Saint-Omer jouiraient de la franchise sur l'Aisne, l'Oise et la Seine à Mantes, Meulan et Poissy, sauf à payer tout ce qu'ils n'auraient pas donné pendant le procès, s'ils perdaient leur cause.

§ 2. RENTES.

Nous trouvons des rentiers à Mantes, Meulan, Conflans et Maisons.

Maisons. L'Hôtel-Dieu de Poissy avait 15 livres 14 sous parisis sur le travers[1] de Maisons. Le collège de la chapelle royale de Paris et le prieur de Maisons étaient d'autres rentiers[2].

Conflans. L'abbé Lebeuf, dans une note sur le travers de Conflans, s'exprime ainsi[3] : « Ce travers est un droit qui « se lève sur tout ce qui passe la Seine à Conflans. Dès le « XIIIe siècle, il était partagé entre plusieurs chevaliers ou « seigneurs. Guy d'Andely et Hugues de Marolles en ren- « daient alors quelque chose à l'évêque de Paris, etc. » Si on se reporte au passage auquel l'abbé Lebeuf fait allusion[4], on voit que ces chevaliers n'étaient que des crédi-rentiers. Voici d'ailleurs l'analyse de l'aveu de 1228 dont il s'agit. Font hommage à Guillaume, évêque de Paris, Adam de Villiers-le-Bel pour 40 livres parisis, Adam de Garges pour 32 livres, R. le Flammant pour 25 livres, Jean de Boissy pour 30 livres et Hugues de Marolles pour 65 livres. Cela donne un total de 192 livres sur le péage de Conflans. Tout ce que nous avons à retenir de ces hommages, c'est que le péage était au moins assez important pour

---

1. Arch. Nat. H 2993[1], dossier 81.
2. Arch. Nat. P 128, fol. 141 et 142.
3. Lebeuf. *Histoire du diocèse de Paris*, t. IV, p. 150.
4. Guérard. *Cartulaire de Notre-Dame*, t. I, p. 146 et 147.

fournir 192 livres parisis et plus, car il faut ajouter 15 livres pour lesquelles Guillaume Barbette, en juillet 1228,
faisait hommage à l'évêque de Paris[1].

Barthélemy, évêque de Paris, avait déjà donné en 1226,
à son chapitre, 15 livres par lui acquises de Thibaut de la
Boissière et de Hugues de Mareil, le Hugues de Marolles
de l'abbé Lebeuf[2]. Le même Hugues, en octobre 1227,
donna 23 livres parisis à l'Hôtel-Dieu de Paris[3].

Dans les cartulaires de Notre-Dame de Paris, on trouve
bien d'autres mentions de rentes, mais la plupart des pièces
ne font que constater un changement de propriétaire. On
y voit par exemple qu'en 1231 Hugues de Mareil donna
100 sous parisis à Notre-Dame-du-Val[4], mais cela ne permet
pas d'affirmer qu'il s'agit de la constitution de nouvelles
rentes.

En 1218, Alix de Montmorency, femme de Simon de
Montfort, donna 10 livres de rente à l'abbaye de Notre-
Dame-du-Val[5]. Deux ans plus tard, Emme veuve de Mathieu II, seigneur de Montmorency, assigna 50 sous parisis à la même maison, sur le péage de Conflans. En 1246,
l'évêque Guillaume, par suite d'un échange, concéda à
l'Hôtel-Dieu de Paris 20 livres parisis à prendre sur le travers[6] et la même maison reçut d'Adam de Garges 23 livres
(1262).

Ainsi, au XIIIᵉ siècle, nous constatons l'existence certaine
de rentes assises sur le péage de Conflans pour 290 livres
et demie. Mais il y en avait bien d'autres, puisqu'au commencement du XIVᵉ siècle Blanche de Montmorency apporta

1. Guérard. *Cartulaire de Notre-Dame de Paris*, t. I, p. 149.

2. Guérard. *Cartulaire de Notre-Dame de Paris, Petit Pastoral*,
t. I, p. 352.

3. Assistance publique de Paris, fol. 4 rº.

4. Guérard. *Cartulaire de Notre-Dame de Paris, Grand Pastoral*,
t. II, p. 161.

5. Arch. Nat. S 4169, nº 5.

6. *Cartulaire de Notre-Dame de Paris, Magnum Cartularium*,
t. III, p. 210.

à son mari sur le port, travers et péage de Conflans 200 livres[1] de rente qu'il ne faut pas confondre avec celles que nous avons déjà citées, car au cours du xiv° siècle on retrouve simultanément dans les cartulaires de Notre-Dame, les rentes que nous avons déjà signalées en 1228, par exemple. Aussi n'y aurait-il pas d'exagération à penser qu'il y avait au xiiiᵉ siècle plus de 500 livres de rentes assignées sur le péage de Conflans. Ce serait considérable, car au xv° siècle nous voyons de juillet 1453 à la Chandeleur 1456 le péage de Meulan ne pas produire 2,000 livres[2], c'est-à-dire 800 livres environ par an. Il est vrai que cette portion du xvᵉ siècle fut une époque bien calamiteuse, mais aussi il est à supposer qu'à Conflans les rentes, que je ne connais sans doute pas toutes, n'absorbaient pas la totalité des revenus du péage.

Je citerai encore une déclaration faite au roi en 1362 par l'abbaye de Notre-Dame-du-Val, qui avait reçu 250 sous de rente[3]. Au xivᵉ siècle, cette maison avait 10 livres à prendre sur la part du seigneur de la Roche-Guyon et de plusieurs autres, et 100 sous provenant d'un don de Charles de Montmorency. Madame de Montmorency faisait difficulté, paraît-il pour acquitter ces 100 sous, et les religieux se plaignaient d'être très petitement payés des 10 livres.

MEULAN. Galeran II donna à l'abbaye de Hautes-Bruyères un demi-muid de sel à prendre sur sa prévôté de Meulan[4] et ce don fut confirmé par Philippe-Auguste en 1194[5] et par Henri VI d'Angleterre en 1423[6]. Plus favorisée encore,

---

1. Lebeuf. *Histoire du diocèse de Paris*, t. II, p. 150.
2. Bibl. Nat. *Collect. Levrier*, t. XVI, p. 145.
3. Arch. Nat. S 4169, pièce 5.
4. Bibl. Nat. ms. fr. 20 692, fol. 383.
5. L. Delisle. *Catalogue des actes de Philippe-Auguste*, et Bibl. Nat., ms. fr. 20 692, fol. 383.
6. Arch. Nat. K 180, n° 102.

Notre-Dame de Gournay reçut, nous l'avons vu, en 1165 une rente annuelle de 1 muid de sel [1].

Galeran II, qui combla de présents les églises et les monastères, gratifia Saint-Nicaise de Meulan, qui d'ailleurs avait été fondé par les comtes de cette ville de 10 livres de rente à prendre sur son péage de Meulan [2]. Nous avons encore de ce comte une pièce plus importante pour nous. C'est une récapitulation et une confirmation de tous les droits de Saint-Nicaise [3], qui avait encore 10 sous de Gautier vicomte de Meulan, et 5 sous de Simon surnommé Malfilatre. Ces 15 sous étaient également assis sur le péage.

En 1160, Notre-Dame-du-Val reçut 5 setiers de sel à prendre annuellement sur le péage de Meulan. Le chapitre de Beauvais acquit à titre onéreux de Louis de France sur son acquit de Meulan une rente annuelle de 225 livres [4].

Mantes. En 1076 Philippe Iᵉʳ ratifia le don fait par Simon, dernier comte du Vexin, à l'abbaye de Cluny, de 30 livres de rente sur le péage de Mantes [5].

Le prieuré de Rosny, dépendant de Saint-Wandrille, avait 60 livres que lui devait l'Hôtel-Dieu de Mantes, à cause de la dixième semaine que ledit hôtel prenait sur la coutume de Rosny. Si l'hôpital ne payait pas, le prieuré percevait cette dixième semaine jusqu'à concurrence des 60 sous de rente et de 10 sous parisis d'amende, ainsi qu'il fut convenu en 1207 devant le maire de Mantes [6].

Abbecourt prenait 8 livres 17 sous 6 deniers parisis sur le port de Mantes. Gervais de Poissy lui donna, en 1256,

---

1. Arch. Nat. LL 1397, fol. 20 et 21 déjà cité.
2. Bibl. Nat. ms. lat. 13,888 fol. 18 vᵒ.
3. *Loc. cit.*, fol. 90, pièce 4.
4. Bibl. Nat. *Collect. de Picardie*, vol. 311, charte 77.
5. Bibl. Nat. *Collect. Levrier*, t. XI, pièce 196.
6. Arch. de la Seine-Inférieure, *Cartulaire de Rosny*, in fine,

47 sous 6 deniers parisis en échange de quelques terres[1], et
Guillaume de Poissy lui vendit en 1268 une autre rente,
qui avec la précédente faisait 6 livres 10 sous[2]. Un arrêt
du Châtelet de Paris de 1578 condamna Jean Govel, fermier de l'acquit d'Hannencourt, à payer ces 6 livres 10
sous[3].

Les religieuses de Poissy reçurent de Poupart et de sa
femme 10 livres à prendre sur le fief de Musy et les boursettes, pendant la vie de leur fille, religieuse dans ce monastère, lesdites 10 livres devant être réduites à 4 après la
mort de cette fille (1387 n. s.)[4].

Deux ans plus tôt, Robert de Maule donna aux Célestins
1 muid de rente perpétuelle à prendre tous les ans à Saint-
Jean-Baptiste sur les troncs de sel passant sous le pont
de Mantes[5]. Martin Asson en 1229 n. s. avait vendu à Riperuel ce muid[6], sur lequel Charles VI, par une ordonnance
de 1395, voulut que les religieux prissent 3 setiers francs
de gabelle[7].

Les Célestins se plaignaient en 1412 aux généraux des
aides de ne pas recevoir leur rente, et le grènetier se dé-
fendait en répondant, chose intéressante pour nous, que
« l'émolument sur lequel ils dient avoir leur droit, n'avait
« pas tant valu que ilz et les autres qui y ont droit puissent
« être payés[8]. »

Les vicaires de Notre-Dame de Mantes avaient aussi
un muid de rente ; ils le tenaient d'un testament de Jeanne

---

1. Arch. de Seine-et-Oise. *Titre de l'abbaye d'Abbecourt,* carton 5.
2. *Loc. cit.,* carton 8.
3. *Loc. cit.*
4. Arch. de Seine-et-Oise. *Titres des Célestins de Mantes,* liasse 7,
cote 9.
5. *Loc. cit.*
6. *Loc. cit.*
7. *Loc. cit.,* pièces sans cote.
8. Arch. de Seine-et-Oise. *Titres des Célestins de Mantes.*

d'Elleville en date de 1352[1]. Les monastères de Villarceaux et de Bruyères recevaient chacun 1 setier[2].

Le prieur de Moussy était également rentier pour 104 sous parisis, ainsi qu'il résulte d'une quittance de 1396 n. s.[3] Enfin, au xvi° siècle, et sans doute auparavant, la collégiale de Notre-Dame de Mantes prenait sur le travers de la ville 37 sous 6 deniers par an[4].

Il est bien évident qu'il y avait d'autres rentiers que ceux énumérés ici. Dans un compte du domaine de Mantes, pour l'année 1595, on donne la liste suivante des rentes et aumônes assises sur le domaine[5] de cette ville; abbaye de Maubuisson — religieuses de Saint-Corentin — religieux de Saint-Julien de la Croix — chapelain de la chapelle de Poissy — chanoines de Notre-Dame de Poissy — chapelain de Saint-Eutrope — prieur de la Madeleine de Mantes — chapelain de Saint-Nicolas à Mantes — religieux de Moussy — chanoines de Notre-Dame de Mantes — chapelain de Saint-Louis en la collégiale de Mantes — Saint-Père de Chartres. Malheureusement, cette liste est médiocrement utile pour nous, parce qu'on n'y dit pas sur quoi les rentes étaient assises.

1. Arch. de Seine-et-Oise. *Titres des Célestins de Mantes* et Arch. Nat. H 2992, dossier 257.

2. Arch. de Seine-et-Oise, *Titres des Célestins de Mantes.*

3. Bibl. Nat. *Collect. Levrier*, t. XV, pièce 1308.

4. Paroisse de Notre-Dame de Mantes. *Titres de la collégiale.*

5. Arch. Nat. P 2909.

CHAPITRE VI

DROITS PAYÉS PAR CERTAINS OBJETS.

Je vais d'abord énumérer les différents objets que j'ai trouvés mentionnés dans les tarifs que j'ai eus entre les mains. J'indiquerai ensuite ce que les principaux d'entre eux, à une époque donnée, devaient de Paris à la Roche-Guyon. Ces objets peuvent être groupés en quatre classes; matières premières; objets manufacturés; denrées et droits de navigation.

Voici ceux que nous trouvons pour la première classe : acier, airain, alun, ardoises, bois d'Islande, brai, brésil — sorte de bois de couleur rouge —, cendre, cendre gravelée — lie de vin brûlée —, chanvre, charbon de bois et de terre, cire, couperose, cuir, cuir cru, cuir tanné, cuivre, étain, fanons, fil de Lyon, soie, fumier, noix de galle, garance, goudron, liège, laine d'autruche — plume d'autruche —, lin, osier, pastel, pelletteries, plâtre, plomb, toison lavée avec le suif.

Dans la deuxième classe nous rangeons les objets suivants ; arçons de selles, bâtons à torches (pièces de batterie), c'est-à-dire ustensiles de cuisine, en cuivre ou en fer, bonneterie, cage à oiseau et le papegault (perroquet) dedans, carreaux, cerceaulx, carrosse, calèche (17e siècle), chief de cuir de pelleterie — coiffure, — coffre de bahu, coffre à pieds, coffre huche ferrées, couche avec le coussin, coutil du lit — toile à matelas, — drap, enclume, épées, étaux à boucher, faulx, faucilles, fers à cheval, futailles, futailles à gueule bée — défoncées, — lit, magniquette — menus objets faits par le chaudronnier, en vieux français *maignen* (*magninus*) ménage, — pots, poêles, couvre-chef (couvercle), tables, tréteaux, bancs, nappes, trépieds et autres choses semblables, mercerie, mercerie mêlée — mercerie avait autrefois un sens plus étendu que de nos jours ; ainsi les bourses, ceintures, aiguillettes, etc., étaient comprises sous cette dénomination ; les tissus les plus précieux constituaient la grosse mercerie, — meules de moulin percées et non percées, œuillard — meules de la plus grande taille, — papier, pipes à fumer (xviie siècle), pots de terre, robes, savon, soufflet à fevre, suif, toile, tombe ouverte — je pense qu'il faut entendre par là un cercueil vide — tuiles.

La troisième classe est formée par les denrées qui suivent; bacon (porc), beurre, bière, blés, câpres, choux, cidre, fèves, figues, foin, fruits, harengs, huile, huîtres, lard, maquereaux, miel, morue, oignons, aulx, échalotte, olives, oranges, pois, poivre, pruneaux, raies, raisin, saumon, sèches, sel, sieu — suif, — vin, vinaigre.

Dans la quatrième classe je ne mentionne que l'escuyage, le neuvage que payait un navire, la première fois qu'il passait ou lorsqu'il avait été rapareillé (réparé), les droits de gouvernail, de chaîne, etc.

Les juifs payaient à Mantes et à Saint-Denis et dans ce dernier endroit, il y avait un double droit pour les juives enceintes.

Il me faut encore parler de quelques termes employés pour désigner telle quantité, tel poids de telle ou telle marchandise. Je ne mentionne que ceux dont l'explication m'a été fournie par les pièces relatives aux péages que nous avons passés en revue.

Le lez de harengs était composé de 10,000 poissons ou de 12 barils; celui de maquereaux de 100 maquereaux; douze hambourgs faisaient un lez de saumons.

Le lez, le lot, la taque de cuir contenaient respectivement 200, 20 et 10 cuirs.

Douze presses ou pièces, de 24 aunes chacune, composaient le fond de drap.

La couple de raisins ou de figues se divisait en deux cabas.

Enfin le lez de barillage était de 12 barils.

Je me place au xvie siècle, et prenant pour base de mes calculs les documents de cette époque que j'ai pu réunir, je vais tâcher d'indiquer ce que payaient les principales marchandises, depuis la frontière de la Normandie jusqu'à Paris exclusivement. Je suppose en outre que notre bateau passe à Saint-Denis à l'époque du botage, c'est-à-dire au moment où les droits du péage de l'abbé sont triplés. Mes sous et deniers sont parisis. Il y avait souvent des droits fixes et des droits proportionnels. Les premiers, droits de neuvage, d'escuyage, etc., portant sur le navire, sur l'ensemble de la cargaison, il est évident que plus il se trouvait sur un bateau de marchandises de la même espèce, moins il y avait à payer pour chaque unité.

Vin. Bateau portant 100 pièces ; droits fixes 2 sous 2 deniers parisis et 20 pintes ; droits proportionnels 7 sous 3 deniers 1/2 ; total par pièce 9 sous 5 deniers. Bateau chargé de 50 tonneaux ; droits fixes 4 sous 4 deniers ; droits proportionnels 7 sous 3 deniers 1/2 ; total 11 sous 7 deniers 1 obole. Bateau portant 30 tonneaux ; droits fixes 7 sous 2 deniers 1 obole ; droits proportionnels 7 sous 3 deniers 1/2 ; total 14 sous 6 deniers. Au-dessous de 30 tonneaux chaque pièce aurait moins payé, parce que les droits de chaîne à Mantes étaient alors bien moins élevés. Mais si la nef avait été trop peu chargée de vin, les droits pour chaque pièce auraient de nouveau augmenté, les droits fixes de certaines localités étant absolument immuables.

Blé. Bateau portant 70 muids mesure de Paris [1], c'est-à-

---

1. Ce muid contenait 1874 litres, et 70 muids, en donnant au froment le poids moyen de 76 kil. l'hectolitre, pesaient 99,750 kilos, ce qui fait bien près de 100 tonneaux.

dire 1,311 hectolitres. Il devait 3 sous 8 deniers par muid;
2 deniers 1/3 par hectolitre. Bateau chargé de 35 muids,
4 sous par muid, 2 deniers 3/4 par hectolitre. Bateau portant 20 muids, par muid 4 sous 2 deniers; par hectolitre
3 deniers 1/5. L'hectolitre de froment est cher aujourd'hui
quand il coûte 20 francs; je le mets pourtant à ce prix,
et je trouve que devant 3 deniers 1/5 il était imposé très
légèrement, puisqu'il ne devait que 1/2 p. 0/0. En effet la
livre parisis valait intrinsèquement 2 fr. 54 en 1533, ce qui
mettait le denier à 1 centime et 1/17 de centime. Je suppose, et je reste certainement au-dessous de la vérité, que
le pouvoir de l'argent au xvi° siècle était triple de celui
qu'il a aujourd'hui. Les 3 centimes 1/5 perçus par hectolitre
vaudraient actuellement 0,10 ce qui est 1/200 de 20 francs.

Morue. Bateau portant 20.000 morues, 9 sous et 8 poissons par mille. Bateau portant 10.000 morues, 9 sous 4 deniers et 1 poisson 1/2. Le cent de morues moyennes pesant
300 kil. et coûtant aujourd'hui 50 francs, 10,000 vaudraient
5,000 fr. Comme j'admets toujours que le pouvoir de l'argent
est trois fois moindre de nos jours qu'au xvi° siècle, il en
résulte que 10.000 morues payant intrinsèquement 11 fr.
60 et devant 8 poissons 1/2 par mille, les droits qu'on exigeait s'élevaient en réalité à 77 fr., c'est-à-dire à 1/62 de la
valeur du chargement.

Harengs saurs. Un bateau portant 50 lez, 5 sous
1 denier et 4 harengs par mille. Bateau chargé de 20 leths
5 sous 2 deniers 1/3 et 4 poissons par mille. En calculant
ici comme je l'ai fait pour les morues, je trouve qu'un bateau portant 20 lez donnait soit en nature, soit en argent
1/60 de son chargement.

Œuvre de poids. Le millier devait 17 sous 1 denier s'il
y en avait cent dans une barque; s'il n'y en avait que 25,
le millier aurait dû 17 sous 6 deniers. Le plomb coûtant en
ce moment 600 fr. les 1,000 kilog., les 1,000 livres auraient
valu 300 francs, en admettant, ce qui n'est pas tout à
fait exact, que la livre ancienne pesât 500 grammes. Les

17 sols 6 deniers qui étaient dus valaient intrinsèquement 2 fr. 18 cent. et relativement 6 fr. 55. Donc un navire portant 25 milliers de plomb devait 2 fr. 18 cent. par 100 fr.

Meules. Bateau chargé de 100 meules, 2 sous 9 deniers par meule. Bateau chargé de 50 meules, 3 sous la pièce. Bateau en contenant 25 meules, 3 sous 6 deniers la meule.

Cuir tanné. Chaque cuir payait 8 deniers. 1/3.

Lit fourni et garni, 1 sou 11 deniers.

Drap. Le fond payait 5 sous.

Mercerie. Le tonneau devait 22 sous 4 deniers.

Sel. Au xivᵉ siècle un bateau, suivant un état que j'ai cité souvent[1], devait en nature 13 setiers 1 minot, mesure de Paris et 82 sous 8 deniers. Si, d'après les calculs que j'ai faits, en m'occupant du péage de Mantes, j'ajoutais la quantité de sel représentée par cette somme d'argent, je trouverais qu'il se prenait en tout 14 setiers 3 minots pesant 5,500 kilog., ce qui fait 1/27 du chargement d'un bâtiment de 150 tonneaux. Au xviᵉ siècle, en laissant de côté les droits en argent, ce même bateau devant 20 setiers 2 minots pesant 7,632 kil., laissait entre les mains des péagers 1/20 — exactement 2/39 — du sel qu'il portait.

Cette grande différence, avec ce qui se prenait au xivᵉ siècle, vient de ce que j'ai supposé que le bateau passait à Saint-Denis à l'époque du botage et de ce que j'ai ajouté les 2 minots 1 boisseau 3/4 attribués dans cette localité au fief de la poterne, qui ne consistait sans doute au xivᵉ siècle qu'en un droit de rente[2]. Enfin, j'ai porté ici 2 setiers 3 minots qui appartenaient au roi pour son domaine de Mantes et que n'indiquaient pas les documents du xivᵉ siècle.

Pour en revenir aux 7,632 kil. qui étaient pris au xviᵉ siècle, ils auraient représenté plus de la moitié du chargement d'un bateau qui n'aurait été chargé que de 5 poises 1/2[3]. Et cela seul prouve surabondamment qu'en

---

1. Bibl. Nat., ms. fr. 1279, fol. 83.
2. Voy. Péage de Saint-Denis, p. 22.
3. Voy. pour la poise, Péage de Mantes, p. 67.

fait, il ne passait pas des embarcations avec si peu de sel. Quoi qu'il en soit, c'était le 1/13 de son chargement que devait laisser, depuis la Roche-Guyon jusqu'aux portes de Paris, un bateau de 100 tonneaux, bien que ce fût là un des navires les plus grands qui naviguassent sur la Seine.

Les droits sur le sel nous semblent plus exorbitants que ceux qui frappaient les autres objets, mais ils ne nous paraissent sans doute ainsi que parce que nous avons pour cette denrée des documents plus positifs et des moyens plus justes d'appréciation.

CONCLUSION

On a pu voir quels droits écrasants payait un bateau pour sortir des limites de l'Ile-de-France, ou pour mener son chargement de l'embouchure de la Seine à Melun ou à Montereau. Combien alors se trouvent justifiées les plaintes de Mathieu Vauzelles!

On a dû déjà remarquer, dans le cours de ce travail quelques faits dont plusieurs sont loin d'être particuliers à notre sujet. Par exemple, ici comme dans bien d'autres matières, non seulement les seigneurs féodaux se sont substitués au pouvoir central, mais encore ils ont étendu l'exercice de leurs droits, et quant aux lieux et quant au mode de jouissance. Ce résultat devait d'autant plus rapidement se produire que les possesseurs de péages s'accroissant par suite des démembrements, chacun d'eux devait être d'autant plus sollicité à accroître l'importance de sa portion. A Mantes par exemple, où j'ai essayé de prouver que les droits si nombreux qui s'y percevaient dérivaient d'un droit unique, à Mantes, dis-je, un seigneur, quelque oppresseur qu'il eût été, n'eût jamais osé prendre d'un seul coup ce que l'on demandait à plusieurs reprises et sous des prétextes différents.

Je ferai également remarquer la distinction entre les droits fixes et proportionnels, les premiers se levant surtout sur la coque et les seconds sur les objets chargés dans le bateau. En outre, les droits de la deuxième classe sont souvent moins forts lorsque la quantité d'une même marchandise est plus grande sur un même navire.

Le plus souvent les droits se perçoivent en argent, quelquefois en nature, et dans ce dernier cas sur les objets les plus courants. Les révolutions monétaires qui ont duré jusque sous Louis XV, et qui ont eu pour résultat d'affaiblir de plus en plus la livre, portèrent un coup sensible aux péages où les droits se prenaient en argent, et il est à croire que si certains droits ne s'étaient pas perçus en nature, beaucoup de péages seraient tombés d'eux-mêmes. Cela est si vrai que l'édit de 1546, qui convertissait les droits en nature sur le sel en droits en argent fut constamment attaqué par les péagers puissants, et certains obtinrent sa non-exécution à leur égard.

Je n'ai pas besoin de relever les faveurs dont plusieurs personnes, et surtout les corps religieux, étaient gratifiées et qui se traduisaient presque exclusivement par des exemptions ou partielles ou totales ; elles confirment bien ce fait saillant de l'ancien régime, l'inégalité.

Quant aux questions plus particulières à notre sujet, plusieurs malheureusement sont restées sans solution ou n'ont reçu qu'une solution incomplète. A Saint-Denis par exemple, il nous a été impossible de trouver des renseignements certains sur l'origine du péage de l'abbé. Sans doute les actes que j'ai cités et qui étaient invoqués devant la commission des péages indiquent bien que des droits étaient perçus à Saint-Denis, mais ce n'est qu'à partir du xvie siècle qu'il est question de l'abbé d'une façon particulière.

Nous n'avons pas pu davantage affirmer d'une façon absolue que le péage d'Epinay était un démembrement de celui de Saint-Denis, bien que cela nous ait paru résulter de certains faits particuliers. A Maisons également, malgré des textes assez nombreux, nous n'avons pu constater l'importance du péage, non plus que d'une façon certaine la nature des droits des chanoines d'Abbecourt. A Conflans, on aura pu remarquer des distinctions curieuses à l'égard des droits sur le vin. Quant à Mantes, c'est sans contredit la localité qui offre le plus d'intérêt.

En résumé, je n'ai guère pu que grouper certains faits

sur une matière qui certainement offrira toujours des obs-
curités, mais qui, dans bien des cas, peut être éclaircie
à l'aide de documents paraissant ne pas s'y rapporter.
Je souhaite que ce travail puisse donner à quelque érudit
l'idée de faire une étude complète des péages de la Seine
depuis la domination romaine jusqu'à la Révolution. Un
pareil travail serait certainement une des pages intéres-
santes de l'histoire du commerce de notre pays.

PIÈCES JUSTIFICATIVES

PIÈCES JUSTIFICATIVES.

I

1186. *Guy de la Roche-Guyon fait don aux moines de Gournay
de 40 sous de rente annuelle, sur le péage de Mantes, dont ceux-
ci prétendaient avoir la dîme.*

Arch. Nat., *Cartulaire de Gournay-sur-Marne*, LL 1397, fol. 32 v°.

Notum sit universis, tam presentibus quam futuris, quod
ego Guido de Rupe, pro decima redditus mei, quam habeo
apud Meduntam, quam monachi de Gornaio suam esse con-
tendebant, XL solidos, in eodem redditu, per manum illius
qui eum colliget, sive ad firmam sive non, de primis num-
mis qui post primas XX libras indè provenient, singulis annis
eis percipiendos hereditario jure concedo, ita quod a predicta
decima me et heredes meos prefati monachi pro illis XL
solidis penitus quitant et absolvunt. Et ut in posterum ratum
habeatur et stabile, presens scriptum sigilli mei munio ro-
bore. Testibus hiis: Willelmo, priore de Rupe, Hugone de
Rupe, Roberto de Bellomonte, Herberto de Alta Insula,
Thoma de Insula, Petro de Felicort.

Actum anno ab Incarnatione Domini MCLXXXVI.

II

1216, juin. *Cession à l'abbaye de Saint-Denis, moyennant une rente annuelle de 15 sous parisis, de droits levés sur les bateaux qui abordent près de la borne de « Baiart. »*

1216, juin. *Cession du même genre faite par Guillaume de « Torneello ».*

Arch. Nat., *Cartulaire Blanc de Saint-Denis*, LL 1159, fol. 66.

1° Galterius, dominus Nemosii, universis presentes litteras inspecturis salutem in Domino. Universitati vestre notum facio quod ego omnes consuetudines, quas pro marescalcia habebam, in omnibus navibus, que applicabant a fine Crotaldi usque ad metam de Baiart, ecclesie Beati Dyonisii, quamdiu marescalciam tenuero, habendas concessi pro XV solidis par. mihi singulis annis reddendis in festo B. Johannis Baptiste in junio.

Actum anno Domini MCCXVI, mense junio.

2° Guillelmus de Torneello miles, universis presentes litteras inspecturis salutem in Domino. Universitati vestre notum facio, quod ego omnes consuetudines, quas pro marescalcia habebam, in omnibus navibus, que applicabant a fine Crotaldi usque ad metam de Baiart, ecclesie Beati Dyonisii, quamdiu vixero, habendas concessi pro XV solidis par. mihi singulis annis reddendis in festo Johannis Baptiste in junio.

Actum anno Domini MCCXVI, mense junio.

III

1242, novembre. *Guillaume de Trie vend au chapitre de Notre Dame de Paris les deux deniers parisis qu'il percevait sur chaque bateau chargé passant à Andrezy.*

Arch. Nat., L 452, liasse 1 de la justice, pièce 7.

Universis presentes litteras inspecturis, officialis curie Parisiensis, salutem in Domino. Notum facimus quod, in nostra presentia constitutus, Guillelmus de Trie, civis Belvacensis, asseruit quod habebat et percipiebat duos denarios parisienses de redditu de qualibet nave onerata ascendente vel descendente per foramen de Andresiaco in Secana..... *(suit une énumération des objets vendus après laquelle on lit:)* Supradicta vendidit idem Guillelmus coram nobis ecclesie Beate Marie Parisiensis ad opus mandati ejusdem ecclesie pro centum libris parisiensium.....

Actum anno Domini millesimo ducentesimo quadragesimo secundo, mense novembri.

IV

1267, juin. *Antoine Boucel et Pernelle sa sœur vendent à l'office des Charités de l'abbaye de Saint-Denis la poitevine qu'ils percevaient à Saint-Denis sur chaque tonneau de vin des bateaux remontant ou descendant la Seine.*

Arch. Nat., *Cartulaire Blanc de Saint-Denis,* LL 1159.

Universis presentes litteras inspecturis, officialis curie Parisiensis salutem in Domino sempiternam. Noveritis quod, in nostra presentia personnaliter constituti et in jure, Anthonius filius Anthonii dicti Boucel et Petronilla soror sua, de voluntate et assensu Symonis mariti sui, recognoverunt se vendidisse et nomine venditionis concessisse religiosis viris abbati et conventui ecclesie B. Dyonisii in Francia, ad opus Caritatum dicte ecclesie, unam pictavinam annui redditus quam ipsi habebant jure hereditario, ut dicebant, de quolibet dolio vini descendente per fluvium Secane, ante portum B. Dyonisii, moventem de feodo religiosi viri abattis S. Dyonisii, ut dicitur, et quicquid habebant et habere poterant, in dicta aqua Secane, ratione dicte pictavine sive rationibus quibuscumque, pro quadringenta et quinquaginta libris parisiensium, etc....

Datum anno Domini millesimo CCLX^{mo} septimo, mense junii.

V

XIVe siècle. *Tarif du péage du sel de Rouen à Paris.*

Bibl. Nat., ms. fr. 1279, fol. 83.

C'est ce que la nef ou batel chargé de sel doit entre Rouen et Paris.

1. Premièrement à la vicomté à Rouen, III deniers la poise, quel cel que ce soit.

2. Item, à la malletote, la poise de sel Engloiz, II sous VI deniers tournois, et du gros sel, XX deniers tournois.

3. Item, au pont de la Roche le batel de XX tonnes portant jusques à LX, IIII sous tournois; jusques à C tonnes, VIII sous.

4. Item, à Endelli, I setier de cel, et se la nef ou batel est d'un fust, rient.

5. Item, à Vernon, I setier de cel et V deniers la poise, et I denier pour le merot et pour la nef.

6. Item, à la Roche, II bassins de cel res et I bassin comble.

7. Item, à Mante, V setiers de cel et XXXIII sous parisis pour la nef ou batel.

8. Item, à Meullent, XI minos de cel et XII sous parisis.

9. Item, à Poissy, I setier de sel et XIII sous et IIII deniers.

10. Item, à Conflans, XXII mesures, de quoi les VIII mesures font le setier de Paris, et XVIII sous pour la nef.

11. Item, à Messons sur Saine, I setier de cel et IIII deniers pour la nef.

12. Item, à Saint Denis, I setier de cel et VI sous pour la nef.

VI

1363, 14 novembre. *Vente par Pierre de Saint-Pol à Jean Pastourel, du travers de l'île Saint-Denis*[1].

Arch. Nat., S 2255, n° 15.

... Item tout le travers et coustume de l'eau de Seine, au leue de la dicte ville et de la terre de la ditte isle devant Saint Denis, avecques toute la justice et seignorie appartenant à yceulx travers ou coustume, lesquelz travers ou coustume sont telz, que chascune nef qui passe, à venir de Roen à Paris, doit quatre solz et un denier au seigneur de la dite ysle. Item, chascun tronc de sel li doit escop et demy de sel. Item, une nef vide qui monte li doit 4 deniers. Item, une flote qui ne soit de la nef li doit quatre deniers. Item, une nuefve nef qui ne fu oncques montée li doit 4 deniers. Item, se il y a un gouvernal neuf en un viez nef, il li doit 4 deniers. Item, se un petit bateau pecherez monte la corde, li doit 4 deniers.....

VII

1395, 4 octobre. *Aveu fait par Jean de Maisons de ses droits sur le péage de Maisons.*

Arch. Nat., P 128, fol. 141 et 142.

Je Jehan de Maisons, seigneur de Maisons sur Seine, adveue à tenir à une seule foy et hommage du roi notre sire, à cause de son chastel et chastellenie de Poissy, la terre et ville et seigneurie de Maisons sur Seine à laquelle appartient......
... Item, la quarte partie, ou environ, du prouffit du paage, travers et acquis de Mesons des nefs, bateaux montans et avalans chargés par la dite rivière, sauf tant que par an

---

1.- Je ne donne de l'acte que le passage intéressant l'île Saint-Denis.

prennent sur le travers dudit Mesons plusieurs abbés, églises, hotels dieu et autres gens l'acquit de XXII navies de sels.— Item, si nulles nefs ou bateaux passent sans acquitter, ou qu'ils soient mal acquittés, les nefz ou bateaux sont forfaiz à moy seul et pour le tout avecques les denrées mal acquittées, et en puis faire poursuite par tout le royaume de France. — Item, se aucune nefs ou bastel vouide montant, doit au pontonnier de Mesons IIII deniers parisis, et se il y passent sans le paier, iceulz nefz ou bateaux me doivent LX sous parisis d'amende. — Item VI livres parisis que me doit par an de rente Gilles Danois sur sa part et portion qu'il prent sur le travers ou acquit de Mesons sur Saine. — Item, sur le pontonnage du port dudit Mesons la moitié du prouffit après IX livres parisis que doivent avoir et prendre les hoirs messire Emarry de Vendosme.................... Je puis devoir par an les choses qui s'en suivent et premièrement à l'abbaye de Habecourt, VI livres X sous parisis ; item aux hoirs Colmet de Poissy, XVI livres X sous parisis ; et toutes ces choses dois-je par chacun an................

Ce fut fait le lundi IIII° jour d'octobre, l'an de grace mil CCCC IIII^{xx} et quinze.

VIII

1364-65 et 1449. *Notes et extraits divers relatifs au péage de Mantes.*

Arch. de Seine-et-Oise, *Titres des Célestins.*

Cy sont deux papiers journaulx et registres des greneliers ou contrerolleurs de Mante de l'an trois cens soixante quatre et soixante cinq, où on trouvera la manière des jours comment les troncs du sel passoient et quel sel ils avoient, sel blanc ou sel noir, en leurs dits troncs, et aussi de la distribucion qui s'en faisoit, tant pour le roy ou pour ses gens, qui pour lors estoient commis à Mante, que pour les rentiers qui ont droit desdits acquiz, tant du blanc que du gros à l'endroit des cedulles ; et aussi un estat en dedans des troncs de sel passans ès années nommées, tant blanc que gros, qui estoit fait pour en faire compte à aucuns desdits rentiers, selon leur porcion qu'ilz ont à chacun desdits troncs, que les procureur du roy et grenetier de Mante produisent devers monsieur le commissaire pour leur servir et valloir, en ce qui sera raison et pour veoir, congnoistre la coustume d'acquiter anciennement en la nature du sel desdits acquitz.

Et en ung des feuillez desdits registres et journaulx estant ou mellieu d'iceulx ou environ estoit escript ce qui s'en suit :

Sel baillé à ceux à qui il est deu du commandement de messieurs sur les troncs qui montent par le pont de Mante, livré l'an mil trois cens soixante quatre, le IIe jour d'octembre.

Premièrement, à la prieure de Villarceaux, 1 septier ; à la prieure de Haulte Bruière, 1 septier.

Et à l'autre cousté dudit feuillet de papier estoit aussi escript :

Coppie. A honorable homme et saige Philippe le Russel, esleu sur le fait de la gabelle en la ville de Mante, Arnoul de la Chambre, mere prevost de Mante, salut et dilection. Sçavoir vous faisons nous estre souffisamment informez que les personnes qui ensuivent prennent ung sextier de sel sur chacun tronc de sel montant par le pont de Mante. C'est assavoir :

La ville de Mante, ung sextier de sel.

La prieure de Haute, trois quartiers de sel.

Le fief de Freville, une myne demy quartier de sel.

Le fief Raoul Asson, une myne demy quartier de sel ; sur lequel fief Raoul Asson, les vicaires Notre Dame de Mante prennent ung muy de sel.

Guillaume Brosset, ung muy de sel.

Les hoirs Jean Riperuel, un muy de sel.

L'abbé de Saint-Taurin, trois muys de sel, et eulx payez en l'année sur la rente dudit fief ; les seurplus de ladite rente est aux hoirs de Hennecourt.

Item, sur ledit tronc de sel :

Les doyen de Guassecourt, quartier et demy.

La fame Symon de la Place et Yehan Houde, 1 quartier de sel.

Le maistre de Saint-Ladre, 1 quartier de sel.

Estienne Bout du Monde, demy quartier de sel.

Les hoirs Jehan Reperuel, demy quartier de sel.

Les hoirs Jacques Buffet, demy quartier de sel.

La fame Jehan Doublet, demy quartier de sel; et la moitié de demy quartier est du fief du chastelain Deucanhohe (? — *sic*).

La femme Jehan de Bryonne, la moitié de demy quartier.

La femme Jehan Doublet et Poupart, II boisseaux, dont ladite femme prent de douze boisseaux les sept, et les tient du fief de Chambignes, et audit Poupart, les cinq boisseaulx.

L'abbesse de Sainct Cir, ung boissel de sel.

La Maison Dieu de Mante, ung boissel de sel.

La prieure de Villarceaulx, ung boissel de sel.

Claire Fontaine, ung boissel de sel.

Et ce vous certiffions par ces lettres scellées du scel de ladite mairie et prevosté de Mante. Donné l'an mil trois cens soixante et quatre, lundi XXVIe jour d'aoust. Et signé du seing Guillemin Aupers.

Item a esté fait certains autres extraitz d'un estat non signé que ledit Denis de Landres dit estre escript de la main de feu Pierre de Landres son père contenant deux cayers de papiers dont au commencement est escript ce qui s'en suit :

Estat de Jehan Mulot grenetier de Mante de la vente des acquictz dudit lieu de Mante, tant du sel es acquictz du sel trouvé en grenier en ladite ville, le XXVIe jour d'aoust, l'an mil quatre cent quarante neuf, que ladite ville fut réduite en l'obeissance du roy, que de l'acquict de VIIIxx XIIII troncs, acquictez depuis le jour St Remy IIIIc XLIX jusques au jour St Remy IIIIc LIII, qui font quatre années, dont la vente et distribucion sont faictes par plusieurs foiz tant en ordinaire qu'en extraordinaire qui sont finies le jeudi absolu, XXVe jour de mars, l'an mil IIIIc LV.

Et au commencement du IIIIe feuillet du second cayer dudit estat estoit escript ce qui s'en suit :

Déclaracion des noms des personnes du temps passé qui prennent à Mante sur chacun tronc de sel cinq sextiers de sel, mesure ancienne dont les quinze et demy font le muy.

Ou IIII° article de laquelle déclaracion estoit aussi escript ce qui s'en suit :

Maistre Jehan de Hannencourt prent sur chacun tronc, à cause du fief, qui fut Raoul Asson, deux minotz et demy de sel, chargez envers les vicaires de Notre Dame de Mante chacun an de XII sextiers de sel, iceulx XII sextiers chargez chacun an au seigneur de Rosny en cinq sextiers de sel.

Item, lesdits deux minotz et demy chargez chacun an aux hoirs de Guillaume Brosset en douze sextiers de sel.

Item, envers les ayans cause de feu Thibault Repperuel en douze sextiers de sel.

Item, envers l'abbé de Saint Taurin d'Evreulx en XXXVI sextiers.

IX

1406, 17 mai. *Extrait relatif à un procès intenté par les marchands de la ville de Paris au seigneur de la Roche-Guyon, au sujet de son péage.*
Arch. Nat., X¹ª 4787, fol. 356 r°.

Entre le commis à la prévosté des marchands et le procureur du roy de la marchandise d'une part, et le seigneur de la Roche Guion et Jehan Duval d'autre part ; disent lesdits commis et procureur du roy que, supposez les privilèges et prérogatives qu'a et doit avoir la marchandise de Paris, où chacun habitant à Paris a interest, et que nul ne puet ne ne doit mettre sur aucun truage, ne, icellui miz, suracroistre, et que ledit commis est ordonné à conserver le fait de la marchandise ; que le sieur de la Roche est grand seigneur, qui se dit avoir un travers sur la rivière de Seine à son chastel, où a accoustumé de lever truage de poissons salez, sel et vins et de mille autre chose et certaine quantité ; c'est assavoir : d'un chacun bastel de sel, III mesures, une comble et II rées, et d'un chacun mille de haren, XXV harens, et pour le bastel, L harens et pour chacune queue de vin, II sous.

Et pour ce aussi que le chemin de la Roche est fort et malaisié, soloit avoir une maison, où l'on vouloit lever le péage dessus dit, pour delivrer les marchans. Ce nonobstant ledit

8

de la Roche s'efforce de lever de toutes liqueurs truage ; car
s'il y a aucun bastelet, ou de vin pour boire les bateliers, ou
sidre, ou péré, ou oile, la Roche s'efforce de péager sur les
marchands, et si passent oultre sans acquiter, les welt traire
à amende, et welt lever III sous d'amende ou d'un tonnelet,
tant en passant que en repassant, et n'y eust que III ou IIII
pintes, et ce a empeschié à amener sidres et autres buvrages
qui eust esté grant soustenement et prouffit à la ville de Paris.

Et dit oultre que s'il y a vin que l'en mene, il welt essaier
du milleur.

Et oultre les dites mesures de sel en prant une pélée,
et pour pontenage X harens, et si en welt encore avoir une
poignée et est prest de déclarer en oultre les cas particuliers.

Dit qu'il n'y a point de maison pour paier le dit péage,
mais faut les marchans aler amont en la ville à Jehan Duval
qui les fait attendre I ou II jours, alias si passoient, tendroit
tout confisquer en leur très grand dommage, car ils perdent
leur fait si ne arrivent à Paris au jour de vendre et si sur-
mettent en telz attenter le grant péril de l'eau, telement que
nuict et jour souvent, leur faut wider l'eaue qui s'arreste en
leurs bateaus, en quoi le dit de la Roche et ses officiers
entreprennent contre le roy, la chose publique et la marchandise de Paris.

Si quel qu'il soient condempnez et contrains à cesser des-
dites entreprises et à rendre ce que oultre le don en ont
receu, et relacher les cautions exigées et desdomager les dits
marchands et à l'amender au roy à la discretion de la cour,
et soit déclaré icelluy de la Roche non avoir droit de faire ce
que dit est, et en cas de delay, passent les marchans en paiant
le truage ancien ou en esterpuant, et que ce qui sera exigé
soit levé au lieu où doit estre la dicte maison qui soit refaite
comme il apartient.

Le procureur du roy général propose et dit que peut estre
que ledit de la Roche a acoustumé de lever aucune chose,
mais il excede et entreprant et accroist son truage, et décla-
rant comme le prévost des marchans, si conclut que le dit
péage soit dit confisqué et forfait, et soit condempné la Roche
au quadruple et accessoires de ce que dit est, et lui soit
défendu que plus ne l'augmente et à l'amende de X livres

etait l'estat *pendente processu* de paier, *ut est consuetum* ou par esterpuant.

Le prévost des marchands emploie le préposé du procureur général du roy, et requiert pour estre payé comme le roy.

La Roche requiert déclaration, et puiz lui advisié en reviendra à un autre jour. Si baillan le prévost des marchans par déclaration dedans samedi prouchain et a de lundi en VIII jours en revendra.

X

1403. *Extrait relatif aux droits qu'a le prieur de Conflans sur le péage de cette ville.*

Bibl. Nat., ms. fr. 4661. *Terrier de Conflans-Sainte-Honorine* (1406), fol. 18 v°.

..... Itém, s'ensuit plusieurs autres terres, rentes, possessions et devoirs de fief appartenans aux dis religieux, prieur et couvent en la manière qui cy-après est contenu. C'est assavoir : que ledit prieur prent par chascun an, au jour de la Chandeleur, sur le port, travers et acquit dudit Conflans, sur chascune nef portant vin, passant par ledit port, XXI deniers parisis, et sur chacune nef portant sel, VI deniers parisis pour fere le luminaire de l'église de la prieurée dudit Conflans, sur la part et portion qui fut aux hoirs de Briquebec, CXII sous VI deniers parisis, et sur la part et portion qui fut Pierre de Maignat, XI livres X sous.....

XI

1453, avril. *Extrait relatif à l'acquisition partielle par les Célestins du fief des boursettes.*

Arch. de Seine-et-Oise, *Titres des Célestins de Limay*, cahier en parchemin non coté, fol. 5 v° et suiv.

Lieufroy le Clerc dit Poupart, vend le fief de Mussy et des boursettes aux Célestins de la Trinité de Mante.

Tout le profit et émolument que ledit Lieufroy a, tant en·

argent qu'en sel, en et sur les receptes appelées les *boursettes du menu tonlieu.* C'est à savoir : en argent sur la bourse appelée la *bourse françoise,* à quoy checun bastel françois portant vin doibt à l'acquict de ladite bourse cinq sols, dont ledit Lieufroy tout seul prend 32 deniers, ce droit pour Poupart venant des héritiers de Raoul Asson.

Item, lui et ses hoirs ou ayans cause de feu Jean Doublet y prennent cinq deniers, à cause de feue madame Ysabel de Joy, qui sont partis entre eux de ceste manière............

Item, sur la bourse appelée *metive,* à laquelle chacun nef ou batel portant vin où il y a françois et normant ensemble, doit à l'acquit d'icelle bourse 3 sols trois deniers dont le dit Poupart tout seul prend 16 deniers.......................

Item, bastel ou nef normand doibt à l'acquit de la bourse normande 18 deniers, esquels ledit Poupart et ayans cause dudit feu Doublet prennent 3 deniers.......

Item, le menu tonlieu se part en 7 parties, èsquelles lesdits Poupart et Doublet..... ont deux parts.

Item, lesdits Poupart et ayans cause du dit Doublet prennent, de chascun tronc ou bastel de sel qui doibt plain acquit, un quartier de sel, sur lequel quartier Sainct Cir prend un boisseau et lesdicts Doublet et Poupart le restant. Et quand la recepte se monte jusques à douze quartiers, le dict Poupart y prend les cinq partz et ledit Doublet les sept.

Item, lesdictz Poupart et ayans cause d'icelluy feu Doublet prennent sur chacun batel ou nef d'ung fust qui doibt demy acquict, demy quartier, sur quoy Saint Cir ne prend rien ; et se partent entre eux ; c'est assavoir, audit Poupart les cinq pars, et au dict Jehan les sept pars et génerallement tout le droict comme le dict Poupart avoit et pouvoit avoir, à cause des hoirs feu Raoul Asson ou aultrement, chargé en quatre sols et 2 deniers d'aumosne chacun an, moityé à la Sainct Jehan, moityé à Noël, aux vicaires de Notre Dame de Mante la moityé, et l'autre moityé au curé de Notre Dame de Mante.

Item, le fief de Muzy assis à Mante la ville.....

XII

1455, 7 mars. Extrait relatif aux droits du prieur d'Argenteuil[1].

Arch. Nat., S 2332.

C'est la déclaration que baillent par devant vous, messegneurs les gens tenans les Requêtes du Palais, les religieux, abbé et couvent de Sainct Denis en France, demandeurs à l'encontre de frère Guillaume Guillemere religieux et prieur d'Argenteuil.....

Et premierement la prevosté d'Argenteuil contient..... le paillage de l'eaue de Seine prins sur les nez et bateaulx chargans et déchargans tant vins come autres denrées devers et en ladite ville ; c'est assavoir pour chacun batel un denier parisis, et pour celui qui descharge une obole, avecques les amendes de 60 sols parisis ou cas que lesdits bateaulx partiroient sans acquiter ledit droit de paillage.....

XIII

Tarifs de Saint-Denis [2].

Arch. Nat., P 1189 et LL 1162.

Premier tarif. — Tarif Allégrin.

Ceci est le tarif que prend noble homme et saige maistre Guillaume Allegrin, seigneur de Diant et conseiller du roi

---

1. Cet extrait est tiré de l'une des pièces du procès que l'abbaye de Saint-Denis soutint à ce sujet contre le prieur d'Argenteuil. Un arrêt du Parlement du 23 juillet 1463 donna gain de cause à l'abbaye.

2 Il existe deux copies de ce tarif, l'une faite en 1524 dans le reg. P 1189 des Arch. Nat., et l'autre faite en 1530, sur une copie datée de 1486, dans le Cartulaire de la Seine, de l'abbaye de Saint-Denis, Arch. Nat., LL 1162. Je copie ici le texte fourni par le Cartulaire de la Seine, parce que les deux tarifs suivants ne se trouvent que dans ce Cartulaire, mais je donne en note les variantes du reg. P 1189.

nostre seire en la cour du Parlement, en la nage de Seine avallant par devant Saint-Denis en France, de quelque coté ou bras que ce soit.

1. Premièrement, de chacune queue ou tonneau plain de vin doibt obole.

2. Item, de chacune queue ou tonneau vide à deux fons doibt obole.

3. Item, de chacune queue ou tonneau vide à gueule bée doibt obole.

4. Item, de chacun coffre ferré doibt 1 denier parisis[1].

5. Item, de chacune queue ou tonneau ferré plain doibt 1 denier.

6. Item, de chacun coffre à ferre, 1 denier.

7. Item, de chacune huche ferrée[2], 1 denier.

8. Item, de la douzaine d'arsons a selles, obole.

9. Item, de la douzaine de morues, obole.

10. Item, s'il y a moins de XII, pour chacune pièce, obole.

11. Item, de la douzaine de pots de terre, obole.

12. Item, de chacun lart, obole.

13. Item, de chacune meulle de moullin, 1 denier.

14. Item, de chacun tour de meulle de moullin, 1 denier[3].

15. Item, de chacun cullart parcé, 1 denier.

16. Item, de chacune charge de chanvre, 1 denier.

17. Item, de chacune queue d'uille qui vaut sept septiers doibt 1 denier.

18. Item, de chacune queue d'uille qui contient cinq sommes doibt 5 deniers.

19. Item, de chacune somme de saing doibt 1 denier.

20. Item, de chacune somme de myel, 1 denier.

21. Item, de chacune queue de myel, 5 deniers.

22. Item, de chacun quarteron de serceaulx, obole.

23. Item, de chacun moulle[4] d'oziere, obole.

24. Item, de chacune pièce de plomb, obole.

25. Item, de chacune pièce de cire, obole.

---

1. Dans tous ces tarifs, comme il est toujours question de monnaie parisis, je supprimerai la mention.

2. P *ferrée ou à ferrer.*

3. P *de chacun meullard pierre.*

4. P *chacune molle.*

26. Item, de chacune pièce d'assier, obole.

27. Item, de chacune pièce de cuyvre, obole.

28. Item, de chacune pièce d'estain, obole.

29. Item, de chacune pièce de suif, obole.

30. Item, se la pièce pese plus d'ung cent, pour chacun cent doibt 2 deniers.

31. Item, d'une coufle[1] avec le coissin, 1 denier.

32. Item, d'un trousseau de robbes, 2 deniers.

33. Item, de chacun chief de cuire de pelleterie, obole.

34. Item, d'un coffre plain de bagaige, 12 deniers.

35. Item, de la douzaine de cuir cru, obole.

36. Item, de la douzaine de cordouen, obole.

37. Item, de chacune toyson de layne a[2] tout le suif doibt obole.

38. Item, c'elle est lavée elle s'acquitte au cent et pour chacun cent, 2 deniers.

39. Item, de chacun muy de blé, obole.

40. Item, du millier de harencs, obole.

41. Item, de chacun bary de harens, obole.

42. Item, du cent[3] de macquereaulx, obole.

43. Item, du cent de morues, obole.

44. Item, de chacun tacque de cuyr, 1 denier.

45. Item, de chacun juif, 4 deniers.

46. Item, de chacune juive c'elle est ensaincte, pour ce 8 deniers.

47. Item, de chacun millier de thuille, 2 deniers.

48. Item, de chacun pacquet de guesde ou pastel, obole.

49. Item, de chacune queue de guesde qui tient troys septiers pour ce 6 deniers.

50. Item, de chacun tas de guesde, 2 deniers.

51. Item, de chacun tas de choulx, ognons et navetz pour ce 8 deniers.

52. Item, du cent d'œuvre de poi, 2 deniers.

53. Item, qui l'acquicte à la pièce, chacune pièce doibt obole.

---

1. P *couche avecq le trauversin.*

2. P *avecq.*

3. P *lest.*

54. Item, de cendre gravellée qui est faicte de gravelle et de lye de vin, le cent doibt 2 deniers.

55. Et pese la queue IX°, c'est chacune queue 18 deniers.

56. Item, de cendre de boys, le septier doibt 2 deniers.

57. Et la queue 3 septiers, ce sont 6 deniers.

58. Item, de chacune faulx ou faucilles, obole.

59. Item, de queue de mercerye meslée, 4 sous.

60. Item, de chacune nef ou bastel vide, obole.

61. Et s'il y a bastel ou flette louée, obole.

62. Et se le bastel est neuf loue ou rapareille, 1 denier.

63. Item, de basteaulx bordez ou s'il ont gouvernaulx, obole[1].

64. Item, de toutes les aultres choses avallant par ladite nage[2] dont mencion est faicte cy dessus doibvent pour chacune piece obole. Et doivent les bastelliers et les personnes à qui les choses estans es diz bateaulx venir à Sainct Denis, en tel hostel qu'il plaist audit Allegrin[3] recepvoir son dit acquict, pour acquicter ce qu'ilz font passer et nommer tout sans aucune chose receller, et payer selon que l'acquit treuve qu'ils doibvent, avant que les basteaulx ou nefs passent par devant Sainct Denis. Et si recelent aucune chose ou passent oultre sans acquiter le bastellier qui ainsi le faict, forfaict le bastel qui mane au prouffit du dict Allegrin et les personnes, à qui les choses sont ainsi passez sans acquicter, sont en admende de neuf livres troys deniers parisis, pour ce que le dict paiage comprant troys fiefz et troys seigneuryes à qui pour chacune eschiet LX souls 1 denier parisis d'amende.

65. Et au regard des basteaulx montans, ledit Allegrin prent seullement sur chacun bastel ou travée chargée de sel une escoppe de sel. Et sont tenus les bastelliers ausquelz appartiennent les diz basteaulx chargez de sel venir à Sainct Denis devers ledit Allegrin ou ses commis dire que on aille quérir la dite escoppe de sel avant que passer oultre sur paine de la dicte amende.

66. Et ceulx qui mainent denrées ou marchandises pour franches personnes, ne sont pas francs de leur bastel ; car

---

1. P *1 denier*.
2. P *par la rivière et neige de Seine*.
3. P *aud. bailleur*. Les noms seuls changent, le fonds est le même.

les choses de dedens n'acquictent pas les bateaulx, car s'ilz estoient vides sy devroient-ilz acquitz. Et fault que les ditz basteaulx viennent acquicter, et les personnes franches montrer leurs franchises.

Collation faicte à l'original par nous notaires cy dessoulz escriptz, le samedi XVIᵉ jour de décembre, l'an 1486. Ainsi signé : Gatrin et Pichon.

Deuxième tarif. — Tarif de l'abbé.

S'ensuict le droict et travers appartenant à monseigneur l'abbé de Sainct Denis en France sur les nefz et basteaulz chargez de toutes denrées et marchandises montans et avallans parmy la rivière de Seine passans pardevant l'isle dudict Sainct Denis et ès destroicts d'icelle.

1. Premierement: Le droict du travers dessus dit est tel que chacun bastel ou nef passant par la dicte rivière de Seyne doit en montant neuf deniers parisis; et si le dict bastel ou nef est neuf ou rapareillé doibt double argent.

2. Item, si les dictes nefz ou basteaulx passent par les destroicts d'icelle ryvière oultre les bornes et estaus nommées le viel port et le bras normant, près l'isle du dict Sainct Denis, sans garer et acquicter, iceulx vaisseaulx, denrées et marchandises sont confisquez à mon dict segneur en les poursuyvant par luy ou son commis.

3. Item, chacun muid de grain comme bled, orge, avoyne ou autres grains doibt 2 deniers parisis.

4. Item, chacune pièce de vin, verjus, vinaigre, sidre, bierre, et autres bruvaiges creuz au pais de France doibt 2 deniers.

5. Item, en la pièce de fustaille à geulle bée doit 1 denier obole.

6. Item, la pièce de fustaille à deux fons, 2 deniers.

7. Item, en chacune piece de vin etrange, 6 deniers.

8. Item, toute marchandise de poix doit 2 deniers.

9. Item, toutes balles ou ballotz comme garance, layne, poivre, allun, galles, couperose, pastel doit 2 deniers.

10. Item, toutes balles ou fardeaux, comme draps, linge, pappier, selon la grandeur qu'ilz sont, doibvent pour chacun fons 12 deniers.

11. Item, le poinsson de bagaige doit 12 deniers

12. Item, chacun vaisseau ou poinsson de cendre doit 12 deniers.

13. Item, chacun tonneau de mercerye meslée doit 4 sols.

14. Item, la queue de cappre, pruneaux et oleyves doit 20 deniers.

15. Item, la casse de sucre et autres marchandises doit 6 deniers.

16. Item, chacun cuyr à poil doit 1 denier.

17. Item, chacune douzaine de cuyres tannez doit 6 deniers.

18. Item, chacune faulx ou faucille doit obole.

19. Item, chacune meulle à moulin doit 2 deniers.

20. Item, chacun euillart à meulle doit 2 deniers.

21. Item, le carreau s'acquicte à l'équipolent à huict meulles pour cent.

22. Item, le millier de morues, macquereaux, saullmons, seches, marlus et aultres poissons de mer en grenier doit 20 deniers.

23. Item, le tonneau de morue doit 12 deniers.

24. Item, le cenz de harens blanc doit 6 deniers.

25. Item, pour le boucault de harenc sor doit 6 deniers.

26. Item, chacun baril de morues, maquereaux, seiches, merlus, saulmon et autres poissons de mer 4 deniers.

27. Item, la queue de cheiches doit 20 deniers.

28. Item, chacun baril d'huile, brey, goultran, fanon doit 4 deniers.

29. Item, chacun cent de bois, du merrien à tonnellier, cerceaulx, eschallatz et autres semblables marchandises doibvent 2 deniers.

30. Item, chacun grenier de charbon doit 4 sols.

31. Et chacun baheu de marchandises doit 12 deniers.

32. Item, chacune huche ferrée doit 4 deniers.

33. Item, chacune huche non ferrée 2 deniers.

34. Item, un grenier de pappier 12 deniers.

35. Item, chacune queue d'huile doit 2 sols.

36. Item, chacun basteau ou allège chargé de sel doit quatre minotz de sel.

Et généralement toutes expesses de marchandises se doib-vent accquiter envers le dit seigneur à l'équipollent que dessus. Et commencent toutes marchandises se accquicter au pris de deux deniers parisis pour chacun cent, tant de nombre, poix que mesure, quy font vingt deniers parisis pour mille.

Et toutes lesquelles marchandises en général, ensemble le dit sel, doibvent droit de *botaige* au dit seigneur commencant la veille Sainct Denis à minuict et finissant la veille Sainct André à minuict, pendant lequel temps de *botaige* les dites marchandises et sel triplent et doibvent au dit seigneur de ung denier trois.

Troisième tarif. — Tarif des Charités.

S'ensuict le travers et acquist des basteaulx avallans parmy la rivière de Seine par les fins et mettes du dict travers et aussi des deniers (*sic*) et marchandises estans en iceulx, deubz aux religieux et couvent de Sainct Denis à cause de leur office des Cheritez.

1. Premierement, chacune piece de vin, sidre, biere, vinaigre, verjus et autres bruvaiges, 1 denier obole parisis.

2. Item, pour chacun basteau vuide ou chargé, 3 deniers.

3. Item, pour chacun cent euvre de poix comme chanvre, fer, acyer et autres marchandises, 2 deniers.

4. Item, pour chacune meulle de moullin, 1 denier obole.

5. Item, l'eulliart a meulle, 1 denier obole.

6. Item, le carreau se acquicte à l'équipollent à huict meulles pour cent.

7. Item, pour un tonneau de mercery meslée, 4 sols.

8. Item, pour ung poinsson de marchandise, 12 deniers.

9. Item, pour une casse de marchandise, 6 deniers.

10. Item, pour un coffre de baheu, 12 deniers.

11. Item, toutes balles ou fardeaux, comme draps, linges, pappier, selon la grandeur qu'ilz sont, doibvent pour chacun fons 12 deniers.

12. Item, pour un coffre ferré, 6 deniers

13. Item, pour chacune pièce de batterie, obole.

14. Item, pour chacune pièce de fustaille à geulle bée, 1 denier.

15. Item, pour la somme d'huille, 4 deniers.

16. Item, pour chacune pièce de cendre, 12 deniers.

17. Item, pour chacune pièce de linge ou robbe, obole.

18. Item, ung grenier pappier, 12 deniers.

19. Item, pour ung grenier bastons à torches, 12 deniers.

20. Item, pour un baril de marchandise, 4 deniers.

21. Item, pour chacun muid de grain, 1 denier obole.

22. Item, pour chacun millier de cerceaulx, eschallatz, et merrien à tonnellier, 20 deniers.

23. Item, pour chacun basteau chargé de sieu, 8 deniers.

24. Item, pour la douzaine de cuyr, obole.

25. Item, ung lict fourny et garny, 4 deniers.

26. Item, la faulx ou faucille, obole.

27. Item, la queue de cendre gravellée, 18 deniers.

28. Item, la balle de pastel pesant deux cens, 4 deniers.

29. Item, le millier de harens, obole.

30. Item, le baril de harens, obole.

31. Item, chacune nef ou bastel chargé de seel en montant doit ung mynot de seel.

Et généralement toutes espèces de marchandises passant par les destroitz de l'Isle Sainct Denis doit travers et argent selon et à l'esgard de ce que dessus.

XIV

1532. *Tarif de Mantes.*

Arch. Nat., P 1189.

En l'an mil cinq cens trente deulx, fut faict et extraict ce présent livre sur les chartres et entians coustumiers de la ville de Mante, et dont en a esté faict tableau et assis à la porte de l'eaue de la ville, par sire Regnault Chambort, maire prévost de Mante, par les payrs et eschevins d'icelle ville, ensuivant certain arrest en la court de parlement.

Ce sont les acquitz que doilvent et à quoy sont tenuz et redevables toutes et chacunes des danrés et marchandises passans, entrans, chargeans et deschargeans en l'acquict par caue de la rivière de Seyne, en la ville de Mante, fins et lymite se estendant, depuis la dicte ville aval la rivière, jusques au lieu dict le Fossé Goyart estant sur icelle rivière, auprès de la prinse du boche de Rougeboize, et depuis icelle ville, en montant contremont la dicte rivière de Seyne, jusques au lieu dict Blanc Soleil qui est en droit d'une bourne prez Montallez, et les noms et surnoms des personnes à qui sont deulz les dictz acquitz :

1. *Vin.* — Et premièrement, chacun thonneau de vin jusques à unze thonneaux et queue doibt d'acquict IV sous VI deniers parisis. C'est assavoir : au roy nostre sire et à ses personniers, 3 sous 10 deniers, qui est pour queue vingt-trois deniers parisis, pour le quart du thonneau, qui est demye queue, unze deniers obole pite, pour le dict quart de thonneau (*sic*). Et les ponsons et demy ponsons et aultres vaisseaulx de vin doibvent à l'esquipollent.

2. Chacun thonneau de vin, jusques au dict nombre de unze thonneaulx et queue, doibt à la ville et au sieur de Mafliers, au lieu du seigneur de Rosny, la somme de VIII deniers. C'est assavoir : à la ville les sept portions, dont les neuf font le tout, et les deulx aultres portant au dict sieur de Mafliers ; et doibt chacune queue au-dessus de (*sic*) IV deniers.

3. Et pour le quart de thonneau, qui est demye queue, deux deniers parisis, pour ledict demy thonneau (*sic*) ung denier parisis ; et les poinsons, demiz ponsons, cacques et aultres vaisseaulx plein de vin à l'équipollent.

4. Tout vin, quelque quantité qu'il y ait dedens ung batheau, doibt à l'acquict nommé le menu tonnelieu, appartenant aulx religieux Célestins de Mante et à leurs personniers, sy c'est à marchant demeurant au-dessus du pont de Mante, V sous parisis.

5. Et si ledict vin appartient à marchans de au-dessus et au-dessoulz du dict pont, ledict vin ne doibt au dict acquict du menu thonnelieu que III sous III deniers parisis.

6. Et sy ledict vin appartient à marchans Normans, tout ledict vin ne doibt que XVIII deniers parisis.

7. Douze thonneaux de vin jusques à dix-neuf thonneaux et queue, doibt chacun tonneau, au roy sur le voyer, III sous parisis, qui est pour la queue dix-huict deniers; pour le

quart du thonneau, qui est demye queue, IX deniers parisis ;
et pour le demy quart du tonneau, quatre deniers obole parisis ; et les ponsons, demy ponsons et aultres vaisseaulx à
l'esquipollent, avec dix sous parisis de chesnes au roy sur le
voyer pour toute la bathelet.

8. A la ville et au sieur de Mafliers, au lieu dudict sieur
de Rosny, pour tout ledict nombre doibt XIIII sous parisis.
C'est assavoir à la ville de Mante, audict lieu ou ville de
Mante, les sept portions dont les neuf font le tout, et les
deulx autres portions au dict sieur de Mafliers.

9. Au grand acquict de Hanencourt, pour ledict nombre,
cinq solz parisis à l'abbé Sainct Denys, pour ledict nombre,
deux solz six deniers parisis.

10. Au petit acquict de Hanencourt, pour ledict nombre,
quinze deniers.

11. A l'acquict des hoirs feu Jehan de Lendres (*sic*), pour
tout ledict nombre, quinze deniers.

12. Au menu thonnelieu, comme dessus, pour tout la
bathelée, V sous.

13. Vingt thonneaux de vin, jusques à vingt-neuf et
queue, doibvent pour chacun tonneau : au roy sur le voyer,
III sous IIII deniers parisis, qui est pour la queue vingt
deniers ; pour le cart du tonneau, qui est demye queue, dix
deniers parisis ; pour le demy quart du thonneau, cinq deniers parisis ; et les ponsons et les demys ponsons, cacques
et aultres vaisseaulx à l'esquipollent, avec quatorze six deniers parisis de chesnes pour toute la bathelée, jusques audit
nombre.

14. A la ville et audict sieur de Mafliers, à distribuer
comme dessus, doibt, pour chacun thonneau, quatre deniers
parisis, qui est pour queue deulx deniers parisis, pour le quart
du thonneau, qui est demye queue, ung denier parisis ; et le
demy quart de thonneau, obole parisis ; et pour les ponsons et
aultres vaisseaulx pleins de vin à l'esquipollent, avec trois
solz parisis de chesnes pour toute la bathelée, jusques audict
nombre.

15. Au grand acquit de Hannencourt doibt pour chacun
thonneau, jusques audict nombre de (*vingt-neuf*), II deniers
parisis ; pour demy thonneau, ung denier parisis ; pour le quart

d'un thonneau, obole parisis et les aultres vaisseaulx pleins de vin, à l'esquipolent, avecq sept solz quatre deniers parisis de chesnes pour toute la bathelee, jusques audict nombre.

16. A l'abbé Sainct Denys pour chacun tonneau doibt ung denier parisis et le demy tonneau, obole; les aultres vaisseaux pleins de vin, à l'esquipolent, avec troys solz huict deniers de chesnes pour toute la bathelée, jusques audict nombre.

17. Au petit acquict de Hanencourt, pour chacun thonneau, obole parisis; les aultres vaisseaulx à l'esquipollent, avecq vingt deniers parisis de chesnes pour toute la bathelée, jusques audict nombre.

18. A l'acquict des hoirs feu Jehan de Lendres, pour chacun thonneau, obole; et les aultres vaisseaux à l'esquipollent, avecq vingt-deux deniers parisis de chesnes pour toute la bathelée, jusques audict nombre.

19. Au maître de la maladrerie de Mante, s'il y a vingt thonneaulx au plus en nef ou bastel, doibt ladicte bathelée VI sous parisis.

20. Au menu thonnelieu et consors, se ledict vin appartient à marchans de au-dessus du Pont de Mante, doibt, pour toute la bathelée, V sous parisis.

21. Et sy ledict vin appartient à marchant ou marchans Normans, tout ledict vin ne doibt, pour toute la bathelée audit lieu, que XVIII deniers parisis.

22. Trente tonneaulx de vin doibvent, et au-dessus jusques à sy grand nombre, comme nef ou bastel peut porter, doibvent au roy sur le voier quatre deniers parisis, qui est pour queue .... avecq cent quatorze solz neuf deniers parisis de chesnes pour toute la bathelée.

23. A la ville de Mante et au sieur de Mafliers à distribuer comme dessus. Et doibt chacun tonneau quatre deniers parisis; pour demy tonneau deulx deniers parisis; pour le quart de thonneau, qui est demye queue, ung denier parisis; les aultres vaisseaulx pleins de vin, à l'esquipollent, avec trois solz parisis de chesnes pour toute la bathelée.

24. Au grand acquict de Hanencourt, chacun thonneau doibt deulx deniers parisis; pour demy tonneau, qui est une queue, ung denier parisis; pour le quart de thonneau, qui est demye queue, obole pite, et les autres vaisseaulx pleins de

vin, à l'esquipollent, avecq sept sols quatre deniers parisis de
chesnes pour toute la bathelée.

25. A l'abbé de Sainct Denis, pour chacun tonneau 1 denier
parisis; pour 1/2 tonneau, qui est une queue, obole parisis;
pour le quart de thonneau qui est 1/2 queue, pite; et les
vaisseaux, à l'esquipollent, avec 3 solz huit deniers.

26. Au petit acquict de Hanencourt, pour chacun thonneau,
obole parisis, qui est pour demy thonneau, pite; les aultres
vaisseaux, à l'esquipollent, avecq vingt deniers parisis de
chesnes pour toute la bathelée.

27. A l'acquict des hoirs feu Jehan de Lendres, pour chacun thonneau, obole, qui est pour demy thonneau, pite; et les
aultres vaisseaux à l'esquipolent, avecq vingt deniers parisis
de chesnes pour toute la bathelée.

28. Au maistre de Sainct Ladre, pour toute la bathelée de
vin, VI deniers parisis.

29. Au menu thonnelieu, sy le vin est à marchans Norman,
il ne doit audit lieu, pour toute la bathelée, que XVIII deniers parisis. Au menu thonnelieu, sy le vin est à marchant
de au-dessus dudict pont, V sous parisis; et s'il appartient
à marchant de au-dessus et de au-dessoubz dudict pont, ledict vin audict nombre ne doibt que III sous IIII deniers parisis.

30. *Blé.* — Chacun muid à la mesure de Mante doibt pour
chacun muid 11 sous parisis, et acquittent jusqu'à quinze
muidz ès deulx bouettes. C'est assavoir : à la boëte du roy et
à ses personniers chacun muid de bled à la dicte mesure jusques
audict nombre de quinze muidz, XVI deniers parisis.

31. Et à la ville et au sieur de Mafliers, pour chacun
muid, doibt huict deniers parisis; et pour le demy muid
quatre deniers parisis; les trois septiers deulx deniers parisis; pour chacun septier, à l'esquipollent. C'est assavoir à
la ville les sept portions dont les neuf font le tout et les deulx
aultres portions au dict sieur de Mafliers.

32. Et s'il y a ung batheau de plus de quinze muidz, il
s'acquittera partout et est deu au roy sur le voyer, pour
chacun muid, à la dicte mesure, XIII denier parisis; le
demy muid, quatre deniers parisis; les troys septiers, deulx

deniers parisis; le septier et mine, ung deniers parisis; le septier, à l'esquipollent.

33. A la ville de Mante et au sieur de Mafliers pour chacun muid, à la dicte mesure, huict deniers parisis; le demy muid, quatre deniers parisis; le septier et mine, à l'esquipollent; ung denier parisis donct les neuf deniers parisis en est deu deux deniers parisis au dict sieur de Mafliers.

34. Au grand acquit de Hanencourt, pour chacun muid quatre deniers parisis; le demy muid deulx deniers parisis; les troys septiers ung denier parisis; le septier, à l'esquipollent.

35. A l'abbé Sainct Denys, pour chacun muid deulx deniers parisis; le septier, à l'esquipollent.

36. Au petit acquict de Hanencourt, pour chacun muid ung denier parisis; le septier, à l'esquipollent.

37. A l'acquict des hoirs feu Jehan de Lendres, pour chacun muid, ung denier parisis; le septier, à l'esquipollent.

38. A l'acquict du menu thonnelieu, pour chacun grenier quatre deniers parisis; et sy le bled est amyné à la mesure du Neuf Bourg, le muid de la dicte mesure en vault deulx à la mesure de Mante; et s'il est à la mesure de Rouen, Elbeuf, Andely et Vernon, il tient et vault le muid de ladite mesure de Elbeuf, Andely et Vernon, muid et demy de ladicte mesure de Mante et doibt au prix dessus dict.

39. Tous *troys moys,* comme poys, febves, orges, adveynes, vesches et aultres grains doibvent chacun muid, à la mesure de Mante, douze deniers parisis, et se double et tierce comme bled et s'acquicte jusques à quinze muidz, à la dicte mesure de Mante ès deulx boettes. C'est assavoir : Chacun muid jusques au dict nombre, à la boette du roy notre sire et à ses personniers, huict deniers parisis, qui est pour demy muid, quatre deniers parisis, et le septier, à l'esquipollent. Et en la ville et audictz sieur de Mafliers, pour chacun muid, à distribuer comme dessus, quatre deniers parisis; le demy muid, deux deniers parisis; le septier, à l'esquipollent.

40. Au menu thonnelieu, pour chacun grenier, IIII deniers parisis.

41. Et s'il y a en ung basteau plus de quinze muidz de grain, de troys muidz il s'acquitte partout; et est deu au

9

roy sur le voyer, pour chacun muid, quatre deniers parisis; le demy muid deux deniers parisis et le septier à l'esquipollent.

42. Et à la ville et au sieur de Mafliers, à distribuer comme dessus, pour chacun muid quatre deniers parisis, qui est pour le demy muid, deux deniers parisis et le septier, à l'esquipollent.

43. Au menu thonnelieu, pour chacun grenier, quatre deniers parisis.

44. Au grand acquict de Hanencourt, pour chacun muid, deulx deniers parisis et le demy muid, ung denier parisis; le septier, à l'esquipollent.

45. A l'abbé Sainct Denys, chacun muid, ung denier parisis; le demy muid, obole parisis.

46. Au petit acquict de Hanencourt, chacun muid, obole parisis; le demy muid, pite; le septier, à l'esquipollent.

47. Au petit acquict des hoirs Jean de Lendres, chacun muid doibt obole parisis; le demy pite parisis, et le septier à l'esquipollent.

48. *Sel.* — Mais qu'il y ait cinq poises et demy en ung batheau, il se acquicte partout et est deu au roy sur le voyer, pour chacun nef ou bastel, de chesnes, X sous II deniers parisis.

49. A la ville de Mante, au lieu de feu sieur Rosny, et au sieur de Mafliers, de chesnes, X sous VI deniers parisis.

50. Au grand acquict de Hanencourt, de chesnes, V sous II deniers parisis.

51. A l'abbé de Sainct Denys, de chesnes, II sous V deniers parisis.

52. Au petit acquict de Hanencourt, de chesnes, quinze deniers parisis obole.

53. A l'acquict des hoirs feu Jehan de Landres, de chesnes, quinze deniers obole parisis.

54. Au menu thonnelieu, pour chacun nef ou bastel, quatre deniers parisis.

55. Et s'il n'y a en ung batheau cinq poises et demye, il se acquicte ès deulx boettes, et est deu à la boette du roy et à ses personniers dix-huit deniers parisis; à la ville de Mante et au sieur de Mafliers, neuf deniers parisis, avecq

deulx deniers pour le gouvernail de la dicte ville ; à l'acquict du menu thonnelieu, pour la nef ou bastel, IIII deniers parisis.

56. Item, s'il y a à ung bastel cinq poises et demye de sel, il doibt cinq septiers de sel d'acquict mesure ancienne, avec deulx bassins de sel. C'est assavoir :

Au roy et à ses personniers, pour la coustume du lavaige par eaue, est deu deulx bassins de sel.

A la ville de Mante et au sieur de Mafliers ung septier de sel à distribuer à eux deux comme dessus.

Aux religieuses prieur et couvent de Hautebrière troys mynotz de sel.

Aux hoirs et ayant cause du fief de Aufreville deux mynotz et demy de sel.

Aux hoirs et ayant cause de maistre Jehan de Chaulmont, à cause du fief qui fut Raoul Cosson[1], deux mynotz et demy de sel.

Au doyen de Gassicourt, un minot et demy de sel.

Au maistre de l'Hostel-Dieu de Mante, au lieu des hoirs feu Etienne Bout du Monde, demy minot de sel. Item, plus a luy, au lieu de Heuqueville, ung boiseau de sel.

Aux hoirs et ayant cause de la femme feu Simon de la Place, ung minot de sel.

Aux hoirs et ayant cause de feu Jehan Riperuel, demy minot de sel.

Aux hoirs et ayant cause de feu Guillaume Postel demy minot de sel.

Aulx hoirs ou ayant cause de feu Pierre de Bachambre héritier de la femme feu Jehan Doublet, demy minot et la moitié de demy minot de sel.

Aux hoirs feu Jehan Brionne, la moitié de demy minot de sel.

Aulx hoirs ou ayant cause de feu Pierre de Bachambre et de feu André Poupart, prenant ensemble deux boisseaux de sel.

A l'abesse de Villerceaux, ung boisseau de sel.

A l'abbé et couvent de Claire Fontaine, ung boisseau de sel.

---

1. Il faut sans aucun doute lire Asson.

57. Item, tous trons et batheaux chargeans de sel, entrans dedans les fins et mettes de l'acquict du dict Mante, peult alléger au destroictz des passages dudict acquis jusques à cinq poesses de sel, en appelant les grenetiers et contrerolleurs d'icelle ville, sans paier plus grand acquict que dessus est dict. Et s'il advient qu'il allège dedans lesdictz destroictz du-dict acquit plus grande quantité que de cinq poesses et demye, il doibvent d'acquict double tant en sel que en deniers à estre distribuez comme dessus.

58. Tout œuvre de poix qui se vend à poix comme fer, acyer, mestail, cuivre, crain, plomb, estain, cire, sieu, oings, bacons et beurre doibvent pour chacun millier XV deniers parisis. C'est assavoir :

A la boeste du roy et à ses persoꞑniers, cinq deniers pa-risis et chacun cent à l'esquipollent.

Au menu thonnelieu, pour chacun muid, cinq deniers pari-sis et chacun cent à l'esquipollent.

A la ville de Mante et au sieur de Mafliers, pour chacun millier cinq deniers parisis, et chacun cent, à l'esquipollent.

59. *Harengs.* — Mais que il y aict quatre lestz au plus en cinq battel, doibt de chesnes, XXX sols. C'est assavoir :

Au roy et sur le voyer, X solz parisis.

A la ville et au sieur de Mafliers, pour les chesnes, X solz parisis.

Au grand acquict de Hanencourt, V sous VI deniers pa-risis.

A l'abbé de Sainct Denis, II sous VI deniers parisis.

Au petit acquict de Hanencourt pour les chesnes, XV de-niers parisis.

A l'acquict des hoirs feu de Lendres, XV deniers parisis.

60. Et sy doibt pour chacun lest à la ville de Mante, X de-niers parisis, et au sieur de Mafliers pour chacun lest, riens.

61. Au menu thonnelieu pour chacun lest, X deniers parisis pour ce.

62. Et sy doibt le dict batheau ou il y aura quatre lestz de harencs ou plus à la ville pour son gouvernail, II deniers parisis.

63. Harenc, s'il n'y a quatre lestz, ne doibt nulles chesnes, mais il ne doibt à chacun lest à la boette du roy et à ses personniers que la somme de quatorze deniers parisis; les barilz à l'esquipollent.

64. A la ville et au sieur de Mafliers pour chacun lest XII deniers parisis et les barilz á l'esquipollent.

65. Tout vellin comme veaux et chevres à tout le poil ne ne doibvent riens à nulles personnes.

66. Figues et raisins doibvent pour chacun coupple à la bouette du roy et à ses personniers la somme de 1 denier obole.

67. A la ville et au sieur de Mafliers doibvent pour chacun coupple, 1 denier obole.

68. Au menu thonnelieu pour chacun couple, 1 denier obole.

69. Meulles à moulin, mais qu'il y aict XXIIII meulles et une pierre, doibvent pour tout, pour chacune meulle à la boette du roy et à ses personniers, 1 obole parisis.

70. A la ville et au sieur de Mafliers, 1 obole parisis.

71. Au prieur de Bazanville, 1 denier parisis.

72. Et sy doibt le dit batheau, où seront les dictz XXIIII meulles et une pierre, de chesnes, au roy sur le voyer, X sous parisis.

73. A la ville et au sieur de Mafliers, X sous.

74. Au grand acquit de Hanencourt, V sous parisis.

75. A l'abbé de Sainct Denis, VII sous VI deniers parisis.

76. Au petit acquit de Hanencourt, quinze deniers.

77. Aux hoirs feu Jehan de Lendres, XV deniers.

78. E s'il n'y en a XXIIII meulles et une pierre en un batheau il se acquicte es deulx boettes. Est deu à la boette du roy et à ses personniers, pour chacune meule, 11 deniers parisis.

A la ville et au sieur de Mafliers pour chacune meulle, 1 denier parisis; et n'y a nulle chesnes.

79. A ce dit nombre chacun mousart ou olyart doibt à la boette du roy et à ses personniers, obole parisis.

80. Au prieur de Basanville, obole parisis.

81. Meulles ès cousteaux doibvent chacune meulle à la boette du roy ou à ses personniers, obole parisis.

82. A la ville et au sieur de Maffliers, obole parisis.

83. Au menu thonnelieu, obole.

84. Cuyrs, chacun lest doibt à la boette du roy ou à ses parsonniers, II sous V deniers, et le lot, IIII deniers parisis, et la tacque, ung denier obolle. Et y a au lest deulx centz cuyrs, au lot vingt cuyrs et à la tacque dix cuyrs.

85. A la ville et au sieur de Mafliers est deu pour chacun lest XXII deniers picte; le loc II deniers obole; la cacque 1 denier picte.

86. Au menu thonnelieu, pour chacun lest, X deniers; et le loc 1 denier; la cacque 1 obole.

87. Fruict doibt pour chacun grenier à la boette du roy et à ses personniers, VI deniers parisis.

88. A la ville et au sieur de Mafliers pour chacun grenier, huict deniers.

89. Plus à la ville pour le gouvernail, deulx deniers.

90. Charbon de terre et merrain, boys de landres, cendres de boys et autres merrains, serceaux estendus doibvent pour chacune nef ou bathelée à la boette du roy et à ses personniers, VI deniers.

91. A la ville et au sieur de Mafliers, VIII deniers.

92. A ladicte ville pour son gouvernail, II deniers.

93. Tous fardeaux portés par Seine doibvent pour chacun fardeau, IIII deniers.

94. Une queue pleine de mercerie meslée et aultres marchandises doibvent à la boeste du roy et à ses personniers, IIII deniers.

95. Et à la ville et au sieur de Mafliers les cacques et petitz vaisseaulx, à l'esquippollent.

96. Peaulx d'engneau, de connil et d'aultres bestes doibvent chacun pacquet à la boette du roy et à ses personniers II deniers obole.

97. A la ville et au sieur de Maflier, pour chacun pacquet, V deniers obole.

98. Chacune (coeste) qui est portée par Seine doibt à la boette du roy et à ses personniers IIII deniers parisis et le cœssin II deniers.

99. A la ville et au sieur de Malfliers pour chacune coeste IIII deniers parisis et le cœssin 2 deniers parisis.

100. Toute huille de noix, glus et miel doibt à la boette du

roy et à ses personniers pour chacune queue, VII deniers parisis; le ponson, IIII deniers parisis; le cacque, II deniers parisis.

101. Et à la ville et au sieur de Mafliers, chacune queue, VIII deniers parisis; le ponson, IIII deniers; le cacque, II deniers parisis.

102. Tous coffres et huches s'il y a ferrures doibvent à la boette du roy et à ses personniers chacun coffre ou huche, quatre deniers.

103. Et à la ville et au sieur de Mafliers, pour chacun coffre ou huche, quatre deniers.

104. Et sy aus dictz coffres et huches il n'y a ferrements, il ne doibvent à la boeste du roy et à ses personniers pour chacun coffre ou huche, deulx deniers.

105. Et à la ville et au sieur de Mafliers, II deniers parisis.

106. Un sac plein de layne ou aultre chose doibt à la boeste du roy et à ses personniers, IIII deniers parisis.

107. Et à la boeste de la ville et au sieur de Mafliers, IIII deniers parisis.

108. Queue, pouche, poinsons, fardeaux et pacquez, pour chacune queue, pouche, poinsons, fardeaux et pacquetz, à la boeste du roy et à ses personniers, IIII deniers parisis, et les cacques à l'esquipollent.

109. A la ville et au sieur de Mafliers, à l'esquipollent.

110. Tout poisson sec et sallé doibt le millier à la boeste du roy ou à ses personniers, cinq deniers.

111. Et à la ville et au sieur de Mafliers, cinq deniers.

112. Au menu thonnelieu, cinq deniers.

113. Hareng sor, doibt chacun millier à la boeste et a ses personniers, 1 obole.

114. Et à la ville et au sieur de Mafliers pour chacun millier, ung denier pite.

115. Le menu thonnelieu, 1 obole.

116. Chacun lart doibt à la boeste du roy et à ses personniers, obole parisis.

117. Et à la ville et au sieur de Mafliers, obole pite.

118. Le menu thonnelieu, 1 obole parisis.

119. Chacune manne ou panyer de mercerye meslée doibt à la boeste du roy ou à ses personniers, IIII deniers.

120. Et à la ville et au sieur de Mafliers, IIII deniers.

121. Chacun fardel doibt à la boeste du roy ou à ses personniers, obole.

122. A la ville et au sieur de Mafliers, obole.

123. Chacune douzaine de faulx, faucilles et congnées doibvent à la boeste du roy ou à ses personniers, ung denier parisis.

124. Et à la ville et au sieur de Mafliers, 1 denier parisis.

125. Qui gette de l'eau, il doibt sel, il doibt du gettement de chacun muid à la ville et au sieur de Mafliers, ·III deniers parisis.

126. Si aucun gette bled de quelque manière qu'il soit, il doibt de chacun muid du gettement, à la ville et au sieur de Mafliers, VI deniers. Il se doibt acquité le jour qu'il a esté getté.

127. Si aucun gette hareng de l'eau, il doibt, s'il est blanc, de chacun millier à la ville et au dict sieur de Mafliers, 1 denier. Et si le dict harenc est sor, il doibt audict lieu, ung denier pite.

128. Le fardeau, qui vient de Normandye et qui sera getté de l'eau, doibt à la ville et au sieur de Mafliers, VI deniers parisis.

129. Si aucun gette fruict de l'eau, il doibt de chacune somme à la ville et au sieur de Maflier, obolle.

130. Chacun juif ou juisve passant par le destroict doibt acquit de la dicte ville, doibt de son chef à la ville et au sieur de Mafliers, IIII deniers parisis.

XV

1540, 12 octobre. *Tarif du péage de Conflans.*

Arch. Nat., P 1189.

Ce sont les droictz appartenantz au seigneur du péage de Conflans Saincte Honorine, en lesquelz ont accoustumé de prendre et lever, sur toutes les marchandises, passans par les destroictz du dict péage de Conflans, en la forme et manière qui en suit.

1. Et premièrement, c'est assavoir : chacun thonneau, queue et ponson ou pièce de vin ou vinaigre chargé en batheau, sy la dicte pièce n'est sy petite que ung homme la puisse porter hors le batheau entre ses bras, chacune pièce doit au dict sieur 10 deniers parisis.

2. Et s'il y a au batheau plus de douze pièces de vin et le vin est françois, il doibt de chesnes 20 sous parisis.

3. Item, si ledict bateau porte au dessoubz de traizes pièces, il en doibt poinct de chesnes fors seullement lesdictz 10 deniers parisis.

4. Si ledict vin est estrange, comme Vascongne, Orléans, Bourgongne et autres vins estranges, le batheau, chargé au dessus de douze pièces, doibt vingt quatre solz parisis pour chesnes, avecq les 10 deniers parisis; pour pièce et au dessoubz les douze pièces de vin ne doibvent point de chesnes.

5. Et si le vin est chargé au dessus les portz de Paris, nonobstant que le vin soit françoys, payera comme le vin estranger, et tout batheau qui paie chesnes ne doibt avoir que une pièces de dix deniers parisis.

6. Item, chacun batheau portant sel doibt un minot de sel et dix huict solz parisis d'argent comptant.

7. Item, chacun bateau portant harenc doibt, pour chacun baril, ung hareng et une maille parisis ; et prend-on la cacque pour ung millier, les douze cacques vallent douze harencz et six deniers parisis.

8. Item, chacun bateau portant cuyrs, chacun lestz doibt trois solz quatre deniers parisis ; et les cuyrs sont en fardeaux cordez, tous fardeaux doibvent huit deniers parisis ; et contient chacun lestz deulx centz cuyrs, et la cacque dix cuirs ; et s'il n'y avait ne lotz ne cacques, ne fardeaux, chacun cuyr doibt obole parisis.

9. Item, ung sac portant(?) aucune chose doibt quatre deniers parisis.

10. Item, chacunes et toutes marchandises, qui se vendent au poix, le millier doibt trois solz quatre deniers parisis, et chacun cent doibt quatre deniers parisis.

11. Item, chacun thonneau ou queue ou ponson d'huille ou du miel, la pièce, X deniers parisis.

12. Item, chacun batheau portant foing, feurre, boys, cen-

dre et charbon, doibt la pièce dix huict deniers parisis ; et s'il
y avoit au dict batheau gres, merrain, s'il avalloit, deulx
solz parisis ; prins au bois la pièce doibt obole parisis.

13. Et aussi chacune tombe ouverte, pièce de boys ou d'image
doibt obole parisis.

14. Item, chacun batheau portans meulles, chacune meulle
doibt quatre deniers parisis, et la meulle deux deniers
parisis.

15. Chacun bathcau portant fruict doibt six deniers parisis.

16. Item, chacune pièce de fustaille doibt une obole parisis.

17. Tout mesnage, comme potz, poisles, escuelles, coeuvre
chefz, tables, treteaux, bancs, nappes, trepiedz, et tous aultre
mesnage, chacune pièce doibt obole parasis.

18. Le coustil du lict doibt quatre deniers parisis, et le
coesein doibt deux deniers parisis.

19. Le coffre à pieds, quatre deniers parisis, et sans pieds,
obolle parisis.

20. Item, trois muidz de grain, le muid doibt quatre deniers
parisis et s'il est en sac, le sac doibt quatre deniers parisis.

21. Item, la couple de figues et de raisins doibt six deniers
parisis ; et doibt avoir à la couple deulx cabatz figues et ung
de raisins ; ainsy est prins pour chacun cabats deulx deniers
parisis.

22. Item, pour chacune pièce de lard doit obole parisis.

23. Item, morues en grenier doibt une morue pour chacun
millier ; en cacque, quatre deniers parisis ; en ponson, douze
deniers parisis.

24. Item, macquereaux en grenier doibvent ung maquereau
pour millier, et IIII deniers parisis pour cacque ; et chacun
ponson plain de merlens ou seiches, XII deniers parisis.

25. Item, chacun hambourc de saulmon sallé doibt IIII deniers parisis.

26. Item, chacune cacque de brey ou de goudron doibt IIII
deniers parisis.

27. Item, chacun thonneau, queue ou ponson de mercerye
et bonnetrie doibt XII deniers parisis.

28. Item, tous panniers plains de mercerye ou marchandise
chacun pannier, VIII deniers parisis.

29. Item, chacune casse pleine de marchandise, IIII deniers parisis.

30. Item, chacun batheau vuyde ou chargé, montant ou avallant, doibt pour le gouvernal deulx deniers parisis, et sy c'est batheau sans flette, ne doibt que ung denier parisis, et s'il a flette, II deniers parisis.

31. Item, chacun petit batheau ou boutique sans flette doibt vingt et ung deniers pour l'escuyage, et s'il y a boutique qu'il y aict flette deulx sols parisis comme ung.

32. Item, tous batheaux montant et avallant, passant par le dict port, doibvent, depuis le seizeiesme jour de mars inclus, jusques au dix septiesme jour de may aussi inclus, soit vuide ou chargé, pour l'escuyage deux solz parisis; et s'il y a plusieurs batheaux, tous à ung homme, ne paieront que ung escuyage.

Après ce tarif, la femme Jehanne Marais veuve Turpin nous dit avoir présenté l'état ci-dessus au tabellion et greffier de la baronnie de Conflans, le douze octobre mil cinq cent quarante.

FIN.

TABLE DES CHAPITRES

TABLE DES PIÈCES JUSTIFICATIVES

www.ingramcontent.com/pod-product-compliance
Lightning Source LLC
Chambersburg PA
CBHW050019100426

42739CB00011B/2714